AF391162

UNE

COURSE AU CLOCHER

AU TRAVERS DE

L'ANGLETERRE ET DE L'ÉCOSSE

(OCTOBRE 1855)

PAR LE

Cte THÉOBALD WALSH

« Ocyor Euro, »
Plus rapide que le vent.

PARIS

IMPRIMERIE DE J. CLAYE,

RUE SAINT-BENOIT, 7

1856

309.

UNE
COURSE AU CLOCHER

UNE
COURSE AU CLOCHER

AU TRAVERS DE

L'ANGLETERRE ET DE L'ÉCOSSE

(OCTOBRE 1855)

PAR LE

THÉOBALD WALSH

« Ocyor Euro. »
Plus rapide que le vent.

PARIS

IMPRIMERIE DE J. CLAYE,

RUE SAINT-BENOIT, 7

1856

A Madame la Duchesse

D'Hamilton et Brandon

NÉE PRINCESSE DE BADE

Hommage respectueux de l'auteur

AVANT-PROPOS

« Une course au clocher !... » seul titre qui
puisse convenablement figurer en tête de ces
quelques pages, et qu'elles ne justifient que
trop bien ! Ce titre tiendra tout ce qu'il promet
(hormis, j'espère, l'intérêt d'une chute), et ne
peut donner le droit d'exiger davantage. J'ai
traversé l'Angleterre et l'Écosse à toute vapeur,
pour passer deux jours à la charmante île
d'Arran, huit jours au milieu des magnifi-
cences, des précieuses raretés d'Hamilton-
Palace, plus deux fois vingt-quatre heures à

Londres, en allant et en revenant. Je me suis vu dès lors dans l'impossibilité absolue de rien étudier, de rien approfondir, et même d'observer attentivement quoi que ce soit. On doit donc s'attendre à ne trouver ici que des impressions personnelles, fugitives et tout extérieures; le fond manque, il n'y a que la forme que j'ai tâché de rendre aussi variée, aussi rapide que le peut être le récit du jockey haletant et fiévreux qui est parvenu au terme de sa course.

Paris, 15 novembre 1855.

UNE COURSE
AU CLOCHER

LA TRAVERSÉE

Pour des gens qui ne se quittent jamais, le moment de la séparation, quelque courte que doive être l'absence, est toujours un moment pénible; c'est ce que j'ai éprouvé, le 4 octobre au matin, en m'éloignant de ma chère malade et de mon confortable *home* de la rue du Bac, et pourtant j'avais la meilleure part! j'allais voir des amis, faire un voyage qui devait m'offrir un intérêt nouveau et varié; car, à vrai dire, je ne savais rien par moi-même de l'Angleterre : six semaines passées à Londres en

1814 m'avaient laissé un souvenir bien fugitif,
bien confus et bien incomplet; je n'étais pas
sorti de la ville, et le royaume-uni était pour
moi une *terra incognita*, une nouvelle connaissance à faire. En outre j'étais assuré, une
fois parvenu à ma destination, de m'y trouver
comme chez moi, grâce à l'hospitalité em-
pressée et cordiale qui m'y attendait....., et cependant j'avais le cœur serré !

Le trajet de Paris à Boulogne n'était pas
fait pour donner un autre cours à mes pensées
et pour me rasséréner l'esprit. La société avec
laquelle je voyageais n'avait rien d'ailleurs qui
pût me distraire : cinq Anglais et deux Anglaises occupaient, avec moi huitième, le compartiment où j'avais enfin réussi à trouver
place, tant était grande l'affluence des insu-
laires reportant chez eux les impressions que
leur avaient laissées le séjour de Paris et leurs
visites à l'exposition. A en juger par leur taciturnité, ces impressions ne m'avaient pas l'air
de devoir être fort vives; ils n'échangeaient pas
une parole entre eux, et une première tenta-
tive que je fis pour entamer, avec un ecclé-

siastique catholique placé devant moi, une conversation de lieux communs, dans l'espoir d'arriver à mieux, étant restée sans résultat, je rentrai dans mon silence, laissant sans regret mes compagnons de voyage dans le leur. L'un d'eux, qui avait devant lui sa jeune et jolie femme, ne lui adressa pas six paroles durant les six heures de trajet, et lut pendant tout ce temps, sans lever une seule fois les yeux sur elle, un volume tout entier : c'était un roman intitulé *The Watchman*, qui devait être, d'après cela, d'un attachant intérêt. Bienheureux l'auteur, me disais-je, qui trouve un tel lecteur !

On ne rencontre que trop de ces gens qui parlent beaucoup pour ne rien dire; mais c'est un trait distinct du caractère de nos voisins que cette réserve prudente, sous laquelle beaucoup d'entre eux cachent une nullité plus ou moins complète. Ne trouvant rien à dire, ils se renferment dans un silence majestueux qui permet de supposer que, s'ils ne parlent pas, ils n'en pensent pas moins. Chez nous, comme chez les Allemands, la médiocrité et la sottise

sont plus communicatives, et ne craignent pas
de s'afficher, de s'imposer : à ce compte-là
personne n'y gagne. La taciturnité britannique
est à la fois plus sage et plus digne, et semble
avoir pris pour règle cet axiome :

> Le sot qui ne dit mot ne se distingue pas
> Du savant qui se tait. . . . .

Si la première moitié du chemin de Boulogne est verdoyante et gaie, la dernière, en
revanche, est d'une monotonie, d'une platitude
désespérantes. J'avais hâte d'être au bout et de
quitter la terre pour un autre élément, sans
pourtant me faire illusion sur la nature des
impressions qui m'y attendaient.

Mon cousin Olivier m'avait donné son passeport (il venait de faire ce même voyage) et
m'avait dit : « Il ne contient ni l'âge ni le
« signalement; prenez-le, il peut vous être
utile. » Je ne tardai pas, en effet, à m'applau-
dir de l'avoir accepté. Au moment d'arriver au
bateau, je vois mes compagnons d'omnibus
préparer chacun une petite pancarte imprimée,
sur laquelle je pus lire : permis d'embarque-

ment. Je n'en ai pas, *fis-je* (charabias à la mode). — Comment, vous n'en avez pas!! mais on ne vous laissera pas entrer dans le bateau! — Nous verrons, répondis-je avec un grand calme. Là-dessus je donne le passeport déployé au conducteur, qui, à la vue du document officiel, tire le cordon pour faire arrêter, s'élance à terre, disparaît dans un petit bureau du port et en ressort un instant après, rapportant en triomphe le permis exigé. Grand fut l'ébahissement de ces messieurs, auxquels je ne jugeai pas à propos de donner l'explication de ce mystérieux privilége, devant lequel s'inclinaient les commissaires de police et les conducteurs d'omnibus.

Mais hélas! Téthis (ou la mer, pour parler en prose) ne fait pas, elle, acception de personnes : je m'en aperçus trop tôt! le bateau était plein comme un œuf; tous les bancs étaient occupés; je cherchai de l'œil, sur le pont, une place où je pusse m'étendre le plus horizontalement possible, ayant appris par expérience que c'est dans cette position qu'on souffre, ou que je souffre le moins.

Couché tout de mon long, la tête appuyée
sur la bouée de sauvetage, à laquelle je me
cramponnais pour ne pas rouler (nous jouis-
sions de l'effet combiné du roulis et du tan-
gage), je sentais l'invasion progressive du mal,
dont j'attendais avec angoisse les derniers pa-
roxysmes. La bouée, démentant son nom et in-
fidèle à sa tutélaire destination, ne m'en sauva
pas, et il me fallut, d'une voix lamentable, faire
écho à ces mots répétés en chœur sur toute la
longueur du pont : « *Steward! bason*[1]. »
Personne ne songeait à s'apitoyer sur le sort
de ses voisins, pas plus au reste qu'à rire de
leurs tristes figures et de leurs pénibles efforts.
Parmi les passagers, neuf sur dix subissaient la
dégradante influence de ce mal étrange qui ra-
vale l'homme moral et intellectuel à zéro, en ter-
rassant la bête, qu'il réduit à une totale impuis-
sance, ne lui laissant que la faculté de souffrir.

Hommes, femmes, enfants, souillaient à qui
mieux mieux le sein d'Amphitrite, comme disait
plaisamment un poëte classique de mes amis; les

---

[1] Garçon, la cuvette!

plus vaillants pâlissaient; les moins vulnérables devenaient sérieux; tous étaient plus ou moins *low-spirited*. Pour moi, j'avais payé largement mon tribut, et la tête renversée sur ma bouée menteuse, le visage baigné d'une sueur d'angoisse, les extrémités froides, j'attendais la fin de l'épreuve, en m'y résignant de mon mieux, lorsque tout à coup, en vue des côtes d'Angleterre, nous sommes assaillis par un grain! Le vocabulaire des marins est vraiment curieux : « il ventait bon frais », disaient-ils tout à l'heure, et maintenant la pluie battante qui nous inondait, qui ruisselait sur le pont, nous fouettait en travers, ils lui donnaient ce nom dérisoire : un grain! Quel grain, bon Dieu!!

J'avais en toute hâte déployé mon parapluie (de famille par bonheur); d'une moitié je coiffai une pauvre dame anglaise non moins inondée que moi, et qui, affublée d'un immense plaid déjà tout trempé, paraissait aussi insensible à la pluie qu'à ma courtoisie; de l'autre moitié, je m'efforçai de m'abriter la tête, le buste et les jambes que j'avais repliées sous moi, ne ressemblant pas mal à une tortue effrayée qui se retire tout entière sous sa carapace. J'étais hébété, abruti, ne m'enquérant même pas si nous arrivions, lorsque j'entendis les cris des hommes qui nous hélaient du haut de l'estacade de Folkstone, à laquelle le bateau accosta et fut bientôt amarré.

Je me traînai comme je pus à la douane, où une première pièce d'attente servait de buffet; elle était encombrée d'une foule compacte. En voyant plusieurs de mes compagnons de voyage et d'infortune se diriger vers les viandes froides, les jambons et les tasses de thé fumantes, je leur portais envie, et répétais tristement avec Valentine de Milan : « plus ne m'est rien, rien ne m'est plus! » Il y avait treize heures que je n'avais absolument rien pris, et ce n'était pas là le pire!

Serré dans cette cohue, qui se pressait aux abords de la salle où se faisait la visite, j'attendais patiemment que mon tour vînt. De cinq minutes en cinq minutes la porte s'ouvrait; on se poussait, on se bousculait, une fournée entrait tumultueusement, puis la porte se refermait jusqu'à ce que les premiers admis eussent fait place à d'autres. Porté plutôt qu'introduit dans ce sanctuaire, j'avisai ma malle déposée auprès d'un employé qui me parut être un des chefs; je lui présentai mon passeport ouvert, sur lequel il jeta les yeux; l'effet en fut immédiat : il fit un signe au douanier qui avait mis la clef dans la serrure ; celui-ci se contenta de la faire tourner pour la forme et referma la malle, dont un des hommes du chemin de fer s'empara, l'emportant sans plus de façon et sans s'inquiéter du propriétaire. Bon ! me dis-je, je ne la reverrai sans doute plus qu'à Londres ; très-probablement bateau et chemin de fer sont une seule et même administration, qui prend le voyageur à Boulogne pour le déposer, corps et biens à sa destination finale : les Anglais sont un peuple si pratique !

Rassuré par cette idée lumineuse, je ne m'occupe plus qu'à trouver place dans l'un des trains que je vis en partance. Après bien des allées et venues, bien des pourparlers et renseignements contradictoires, je réussis à me caser dans un des wagons de l'*express*, où, fatigué, épuisé du labeur de la journée, je ne tardai pas à m'endormir profondément pour ne me réveiller qu'à Londres, en dépit des affreux cahots, du dur rembourrage des siéges, aussi incommodes que ceux du plus mauvais chemin de fer prussien, et cela dans la patrie du *comfortable!* Qui l'eût jamais cru!!

LONDRES

Une fois descendu, je cherche à discerner mon colis au milieu de ces montagnes de bagages entassés sur le débarcadère :

Ossa sur Pélion, Olympe sur Ossa.

Attendons, me dis-je, que cela se débrouille et que la lumière se fasse ; elle se fit et je ne vis point mon *article*. Justement alarmé, je m'adresse à l'employé présent... Oh stupeur ! ma malle était restée à Folkstone pour ne l'avoir pas fait enregistrer. — Faites la télégraphie de suite, me dit-on, et vous la recevrez dans la journée sans faute. Honteux de ma bévue, marri surtout des résultats qu'entraînait pour moi un retard de vingt-quatre heures, je pris un de ces grotesques véhicules où l'on porte son cocher en croupe, et lui dis de me conduire à Union-street, Berkeley-square. Nous filons avec rapidité par les rues désertes (le plus modeste cab de Londres marche comme nos bonnes voitures sous remise); arrivé sur Berkeley-square, j'entends derrière moi une voix caverneuse qui murmurait à mon oreille quelques mots à peine intelligibles : c'était mon cocher qui me disait, par la lucarne, qu'il ne savait pas où était la rue en question, dont il ignorait jusqu'à l'existence. Quelqu'un vint à passer dans ce moment, il lui demanda où était Union-street; le passant n'en savait pas plus que lui !—Menez-moi donc, lui dis-je, à l'hôtel le plus proche, quel qu'il soit (il était deux heures après minuit). En quelques tours de roues, le cab s'arrêta et me déposa à la porte d'une maison de peu d'apparence, qui ne se distinguait des maisons voisines qu'en ce qu'un bec de gaz, dans un globe de cristal dépoli, brûlait à l'entrée. Je trouve dans le vestibule, propre et soigné, un monsieur à l'extérieur décent : ce *respectable-*

looking gentleman s'excuse de ne pouvoir pas me loger aussi bien qu'il le voudrait, ajoutant que je ne m'étais pas annoncé, et que le prince de Prusse occupait les meilleures chambres de l'hôtel ; il me priait donc de vouloir bien me contenter de celle dans laquelle on allait me conduire. L'apologie n'était pas de trop : le garçon me fait monter au troisième, dans une petite chambre meublée du strict nécessaire, mais propre pourtant et soignée comme tout le reste ; il m'apporte du thé également bien servi , et je me couche : le lit était bon. L'heure et la fatigue aidant, je ne fis qu'un somme jusqu'à huit heures, et je me réveillai un tout autre homme. Après tout, je me sentais à demi consolé de ce retard, qui me permettait de me reposer à fond et de voir un peu Londres.

En faisant ma toilette, mes yeux tombent sur ce nom écrit à l'encre indélébile sur une serviette : *Myvart*, nom qui n'était pour moi que trop significatif : j'étais dans le premier hôtel de Londres, dans l'hôtel de tous le plus à la mode, le plus cher et justement redouté de

tout voyageur qui n'a point de prétention à la
high-life, à la *high-fashion!!!* J'en pris phi-
losophiquement mon parti, comme dans toutes
les questions où il ne s'agit que du plus ou
du moins de ce vil métal, et je sortis pour aller
refaire connaissance avec Bondstreet, Oxford-
street, en attendant l'heure du déjeuner. Je
retrouvai exactement mes impressions d'il y a
quarante-cinq ans : les rues avaient conservé
leur même aspect, leur même caractère; j'y
voyais circuler les mêmes figures ; les marchands mettaient l'ordre dans leurs boutiques,
étalaient et paraient leurs marchandises à la
montre. En ceci il y a progrès : les magasins
sont plus beaux que jadis. Employés, commis,
gens d'affaires et porteurs de journaux, domestiques, hommes de labeur, se croisaient dans
tous les sens; quant aux hommes de loisir, il
ne faisait pas jour chez eux. Quelques omnibus
et quelques fiacres occupaient seuls le milieu
de la chaussée; Londres n'était encore éveillé
qu'à moitié (il était près de dix heures). La
vie commerciale, industrielle et sociale, n'y
commence en effet que deux ou trois heures

plus tard qu'à Paris; mais, en revanche, le mouvement, la circulation, y sont plus grands, plus généralement répartis que dans notre capitale. A l'heure des affaires et des plaisirs, Londres représente, bien plus que Paris, l'image d'une immense fourmilière bouleversée par un coup de pied. Ici, dans chacun des quartiers de la ville, tout s'agite et tout grouille; le repos et le silence ne sont nulle part.

Rentré à l'hôtel, je trouvai mon couvert mis dans un petit salon meublé comfortable-ment; on m'y servit un déjeuner tout britannique : biftecks parfaits, excellente viande froide, œufs à la coque, sans lesquels un Anglais ne croirait pas avoir déjeuné, thé *à l'eau bouillante*, avec la classique *muffin*, que nous ne sommes pas parvenus à égaler à Paris. C'est ici le lieu de faire une remarque toute à l'avantage des éleveurs anglais, comme de la race bovine sur laquelle ils opèrent; tandis que chez nous on ne peut obtenir de bons biftecks qu'en les tirant du filet, ici on les prend sur toutes les parties charnues de l'animal, et la viande est toujours également succulente et tendre; le bœuf anglais, en un mot, est tout filet. Quel plus bel éloge!

Après déjeuner, je parcourus un de ces incommensurables journaux de Londres et lus un article du *Times* contre la Crimée, où je ne trouvai rien d'anglais, tant l'esprit d'opposition exclut tout sentiment national! je fis mon courrier et sortis pour reprendre mon rôle de voyageur curieux « *inquisitive traveller* ». Je me plaçai pour cela sous la direction (Arnal dirait sous la conduite) du premier cocher de fiacre venu, en lui disant que j'étais étranger, et que je m'en remettais à lui pour me faire voir la ville et ce qu'elle avait de plus curieux à l'extérieur ; ma confiance n'aurait pu être mieux placée, ainsi qu'on le verra par ce qui suit :

Il était une heure, le soleil avait fini par triompher du brouillard particulier à ce pays-ci comme à la saison d'automne, et de cette épaisse atmosphère de fumée noire (ne pourrait-on pas dire de noir de fumée?) qui forme habituellement, au-dessus de la ville de Londres, comme un immense linceul de l'aspect le plus lugubre : c'était une belle et lumineuse journée *relativement*. Mon intelligent conducteur me mena tout d'abord aux parcs, à l'entrée que domine la statue équestre de lord Wellington, œuvre qui, soit dit en passant, ne fait honneur ni à l'artiste ni au héros : elle manque d'inspiration et de mouvement, et rien n'y révèle le grand homme de guerre, pas plus que l'habile homme d'État.

Ce qui me frappe avant tout, à Londres, ce qu'elle peut citer avec orgueil comme un ornement incomparable et qui n'a pas d'analogue dans les autres capitales, ce sont ses admirables parcs, avec lesquels les promenades publiques de nos grandes villes continentales ne peuvent soutenir le parallèle; ils offrent un caractère d'originalité, de simplicité grandiose que je n'ai trouvé nulle part ailleurs. Ces immenses pelouses veloutées; ces arbres trois ou quatre fois séculaires qui, isolés ou en groupes, les ombragent de leurs vastes masses de verdure; cette belle pièce d'eau, à laquelle je ne trouve à redire que le contre-sens de son nom[1];

[1]. Rivière serpentine qui ne serpente pas.

les derniers rayons d'un beau soleil couchant
qui glissent sur les frais gazons et dorent la
silhouette des vieux chênes; le mouvement
ondulé du terrain dont les derniers plans se
noient dans la brume du soir; tout cela forme
un de ces tableaux qui restent ineffaçablement
gravés dans le souvenir de tout voyageur qui
n'est pas étranger aux sentiments des beautés
de la nature. Ici elle semble avoir seule fait les
frais : c'est moins, en effet, un parc qu'on a
sous les yeux qu'un admirable paysage, que
l'homme s'est borné à rendre accessible pour
en faire le lieu de délassement de toute une
population. La vue dont on jouit du pont
Royal, et celle de la terrasse des Tuileries faisant face aux Champs-Élysées ne sont assurément pas moins frappantes, pas moins belles;
mais elles le sont dans un tout autre genre, et,
si je dois faire connaître ici ma préférence,
j'avoue franchement, tout amour-propre national à part, qu'elle est pour les parcs de
Londres. Mais il faut les voir dans de bonnes
conditions, qui ne sont pas toujours réunies :
je veux dire à l'heure, dans la saison et avec

un ciel favorables. J'ai été assez heureux pour
bien tomber.

Mon cocher me ramena dans la partie populeuse de la ville, dont il me fit parcourir
les artères principales : Oxford-street, le Strand,
Piccadilly, Trafalgar - square, le quartier de
Saint-Paul, etc., etc. Je dois avouer que, dans
cette revue faite en courant, mon admiration
se refroidit, le thermomètre en retomba à zéro.
Malgré son étendue et sa population, Londres,
sauf quelques quartiers et quelques rues (West-
end, Trafalgar-square, Regent-street) offre
bien moins l'aspect d'une grande ville que celui
d'un immense centre de mouvement commercial, industriel, politique et social. L'architecture publique et officielle y est, si l'on excepte
Westminster et quelques autres édifices, fort
médiocre, lourde, massive, sans grandeur, et
n'offrant rien qui puisse entrer en comparaison
avec le Louvre, les Tuileries, l'Hôtel de Ville
et la place Louis XV. Le nouvel édifice, où se
réunit la chambre des communes, produit l'effet
d'un immense bahut sculpté en acajou, dans
le style gothique flamboyant. Je suis entré au

musée britannique, dont l'architecture m'a paru dépourvue d'élégance; les salles du rez-de-chaussée, où sont les curieuses antiquités grecques, égyptiennes et chaldéennes, manquent de jour, ce qui tient en partie à l'état presque habituel du ciel de Londres.

Quant à l'architecture privée et bourgeoise, elle est, en général, détestable et trop souvent grotesquement prétentieuse; et puis je me hâte d'ajouter que la double influence des brouillards et du charbon de terre nuit singulièrement à l'effet des beautés architecturales, là où il s'en trouve; façades, corniches, colonnades, frontons, tout est sombre, enfumé, ou, ce qui est plus fâcheux encore, vous apparaît tacheté de noir et de blanc sale, de couleur pie en un mot. L'œil est désagréablement affecté de ces teintes incohérentes et désharmonieuses dont il est poursuivi, de quelque côté qu'il se tourne; en outre, l'étrangeté, la bizarrerie des formes ne le choquent pas moins : ordre ionique, corinthien, dorique, composite, rustique; style égyptien, étrusque, chaldéen, indien, se succèdent, se heurtent et se confondent au gré du goût et du caprice individuel, formant une *olla-podrida* architecturale du plus détestable effet. Les monuments commémoratifs ne valent guère mieux, et prouvent peu en faveur du goût de ceux qui les ont fait élever et des artistes qui en ont fourni les plans.

On pourrait presque dire de la Tamise qu'elle passe à Londres incognito : la complète absence de quais en est la cause; on la voit peu et mal de dessus quelques-uns des ponts; les parapets des autres vous en dérobent la vue. Pour qui tient à se former une juste idée de son importance comme grand moyen de communication, comme agent puissant de la richesse publique et privée, de l'influence commerciale et politique de l'Angleterre, il lui faudra descendre son cours, depuis le London–Bridge jusqu'à son embouchure, entre ce quadruple rang de vaisseaux qui déposent ou chargent, dans les docks des deux rives, les produits de toutes les parties du monde, et une portion de ceux de l'industrie du Royaume-Uni. Quant à celui qui voudra admirer le fleuve sous son aspect pittoresque et poétique, il devra se faire conduire, par une belle soirée, à Richmond-Hill ; là il jouira d'un de ces points de vue que l'on n'oublie point, et dont le souvenir m'est resté aussi vif, aussi présent, après quarante-cinq ans, que si je l'avais vu hier. Si j'étais peintre, je pourrais en quelque sorte le reproduire de mémoire : c'était un de ces paysages calmes, grandioses, pleins de poésie, tels que Claude Lorrain nous les déploie à perte de vue dans ses admirables toiles.

La journée s'avançait ; une préoccupation pénible se mêlait à mes impressions et me les gâtait : c'était celle de ma malle absente ; tant qu'elle ne m'était pas rendue, je me sentais prisonnier. L'avait-on expédiée immédiatement ? l'avait-elle été à l'adresse indiquée ? enfin y était-elle arrivée ? Je me posais ces questions, auxquelles mon inquiétude fournissait le plus souvent la réponse. Il me tardait d'être au clair ; j'étais en proie à l'impatience fiévreuse de l'attente ; il était temps de sortir enfin d'une aussi pénible anxiété. Je ne pensais plus qu'à cela, et il me semblait que tous ces passants, qui se croisaient d'un air si affairé, couraient à la recherche de leur malle et me reprochaient mon incurie. N'y tenant plus, je me fais ramener en toute hâte à Berkeley-square, près duquel était située cette *union-street*, dont l'existence n'était plus pour moi problématique. C'était une rue, microscopique en quelque sorte, qu'après maintes recherches j'étais parvenu a découvrir à l'œil nu. J'y cours... oh bonheur! j'y retrouve ma malle qui m'y attendait depuis deux heures. Dans l'excès de ma joie je l'aurais embrassée! elle me rendait ma liberté! désormais j'étais maître de mes mouvements; je pouvais partir!

J'avais besoin d'une bonne nuit. Je ne fus donc pas tenté de braver la fatigue d'un spectacle quel qu'il fût et de me coucher encore passé minuit, ayant en perspective, pour le lendemain, douze heures de chemin de fer pour arriver à Glascow. Là, d'après une lettre reçue à Paris, je devais trouver un des gens de la duchesse d'Hamilton pour me piloter jusqu'à l'île d'Arran.

Le lendemain, en déjeunant, je jetai les yeux sur mon mémoire, et j'y vis sans surprise que l'on me faisait chèrement payer l'honneur d'avoir passé deux nuits sous le même toit que son altesse le prince de Prusse ; mon logement était porté pour 15 shellings (environ 20 francs), 10 francs par jour !! c'était beaucoup pour une modeste chambre au-dessous du grenier. J'en fis l'observation, et l'on me répondit que j'avais eu en outre la jouissance du petit salon où l'on m'avait servi mes repas. Il n'y avait rien à dire ; il ne me restait plus qu'à payer, ce que je fis de bonne grâce.

Ces vingt-quatre heures de retard involontaire avaient, en définitive, tourné à mon avantage. J'en avais employé plusieurs agréablement à revoir Londres, et, en remettant mon départ au lendemain, j'étais tombé sur un temps à souhait, sur une journée magnifique, *a lovely day*, comme disent nos voisins pour lesquels le beau temps est chose si importante et, à ce qu'il semble, si rare, qu'ils ne s'abordent jamais, en pareil cas, sans échanger cette parole d'heureux augure.

LE VOYAGE

A neuf heures, je pris place dans l'express jusqu'à Glascow, après avoir payé 110 francs environ, pour un trajet de cent trente-six de nos lieues de poste. Avant le départ, j'avais fait mes provisions de voyage, provisions tout intellectuelles et récréatives, savoir : le *Times*, un grand journal illustré (et très-bien illustré), plus le *Punch* du jour, plus spirituel, plus amusant et surtout de meilleur goût que notre *Charivari*. Après être sorti des faubourgs, sales, enfumés et laids comme tous les faubourgs, nous jouîmes un moment d'une sorte de vue générale de Londres ; ses parcs, avec leurs pittoresques massifs d'arbres et leurs verdoyants

gazons, furent la dernière partie de la ville
que nous aperçûmes; bientôt ils disparurent
à l'horizon; nous étions en pleine campagne,
marchant à grande vitesse et passant comme
une flèche devant la plupart des stations. Dans
cette fuite si rapide, dans ce vol ras-terre,
il est impossible d'apercevoir autre chose qu'un
aspect général du pays que l'on parcourt en
ne faisant qu'en entrevoir les principaux ca-
ractères. Or, je puis dire que, vue de cette
manière, l'Angleterre m'a laissé l'impression
la plus agréable; le pays, s'il n'est pas pittoresque, est riche, frais et riant; il m'a
paru parfaitement bien cultivé : point de ja-
chères, de landes ni de terrains incultes et
négligés. Les prairies, du moins dans la partie
que j'ai traversée, me semblent en proportion
plus forte que les terres labourables. Elles
sont d'un beau vert, et de nombreux bestiaux,
des moutons plus clair-semés, y trouvent une
nourriture abondante. Le pays est coupé de
haies, et des bouquets de bois, des arbres
isolés en rompent l'uniformité. Point de montagnes à l'horizon, tout au plus quelques ri-

deaux de collines peu élevées, quelques ren-
flements de terrains dans les plis duquel on
voit parfois des ruisseaux d'une eau limpide
qui a l'air stagnante, tant la pente en est faible;
souvent un canal navigable côtoie le chemin
de fer. Les nombreux ponts, jetés sur ces cours
d'eau naturels et artificiels, sont en briques,
étroits et peu élevés; construits avec économie,
ils témoignent qu'ils sont l'œuvre de l'autorité
locale et que notre dispendieuse administration
des ponts-et-chaussées est inconnue ici.

Ce qui m'a fort supris, c'est le petit nombre
de vieux manoirs, de châteaux, de maisons de
campagne que j'ai vus dans toute cette journée, et pourtant nous avons traversé beaucoup
de parcs; mais probablement une des conditions que les propriétaires imposent aux compagnies est de passer le plus loin possible et
hors de la vue de leurs habitations. Nous ne
rendons pas assez de justice à l'Angleterre, et
nous parlons trop haut de notre *belle France;*
en la traversant dans tous les sens, du Havre
à Toulon, de Paris à Bayonne, de Strasbourg
aux Pyrénées, je n'ai rien vu d'aussi con-

stamment joli, d'aussi frais, d'aussi gai que
l'est en totalité le pays que j'ai parcouru de
Londres à Carlisle. Cependant je dois reccn-
naître que quelque riant et verdoyant qu'il
soit, l'aspect général de la contrée est monotone; cela tient à ce que devant, derrière
vous, à droite, à gauche, aux premiers plans,
dans les plans éloignés, la ligne horizontale
domine presque exclusivement; tout est plat
ou à peu près : nous n'avons pas, de Londres
jusqu'à Glascow, franchi un seul tunnel, un
seul viaduc !

Ce qui vient donner, de temps à autre, un
peu de variété au paysage, c'est une ville
manufacturière dont l'approche s'annonce par
ces nombreuses cheminées élancées qui dé-
gorgent, sur l'azur du ciel, ou sur le blanc
mat des grands nuages, leurs flots de fumée
noire et épaisse, qu'un rayon de soleil oblique
vient parfois colorer. Nous sommes passés sur
les confins de quelques-uns de ces *foyers* in-
dustriels; les coups de marteaux retombaient
en cadence sur les enclumes retentissantes.
Ce bruit, ce mouvement, cette activité, faisaient

quelque diversion aux impressions trop exclusivement rurales. Parfois nous nous rappro-
chions de la mer ; on s'en apercevait de suite
au changement de la végétation : elle devenait
plus rare, moins fraîche ; les arbres plus chétifs
affectaient des formes bizarres, leurs branches
et leurs feuilles se portant toutes d'un même
côté, et paraissant à la cime coupées unifor-
mément sous le même angle, comme par un
instrument tranchant, effet du vent de mer
qui se remarque si bien sur les arbres de la
Chiaja, à Naples. Nous ne tardions pas à apercevoir, pour un moment, une ligne horizontale se confondant avec le ciel : c'était le
canal Saint-George.

A mesure que nous approchions de la fron-
tière, le caractère du pays se modifiait insensiblement ; avant que d'arriver à Carlisle,
j'avais déjà remarqué d'assez hautes collines,
couvertes de bruyères, et des bosquets de pins.
Nous nous arrêtâmes vingt minutes dans cette
ville, et le voisinage de l'Écosse s'y révéla
pour nous, voyageurs affamés, de la manière
la plus agréable. Le mouton rôti du buffet de

Carlisle est justement célèbre sur toute cette ligne, et nous y fîmes honneur, ainsi qu'aux pommes de terre d'Irlande dont il était accompagné. Ce simple, mais excellent repas, nous rendit les forces dont nous avions besoin pour supporter allègrement les quatre heures de roulement qui nous restaient encore à faire. Les prix étaient plus modérés que chez Myvart : pour deux shelling et demi (3 fr. 10 c.), nous avions eu une excellente *mutton-soup*, sorte de jus de mouton fortement épicé, du gigot rôti, des pommes de terre et de la pâtisserie pour dessert : le tout à discrétion.

J'avais bonne compagnie dans mon compartiment tout rempli d'Écossais, plus sociables que les Anglais. Dans le nombre se trouvait un propriétaire des environs de Glascow, homme instruit, bien élevé, et qui, voyant que j'étais étranger, voulut bien me donner des renseignements intéressants sur les lieux par lesquels nous passions. En arrivant à Kendal, il m'avait montré l'embranchement du chemin de fer qui conduisait dans le Cumberland, la partie de l'Angleterre la plus renommée pour ses sites romantiques et ses lacs pittoresques, lesquels ont donné leur nom à cette moderne école poétique dont Wordsworth est le plus vrai représentant. Il est, à mon avis, et malgré ce qu'en a dit lord Byron, qui ne lui rendait pas justice, le premier des poëtes modernes de l'Angleterre après l'auteur de Childe Harold. Beaucoup de ses sonnets sont admirables, et il y a de grandes beautés dans ses poëmes.

Mon obligeant renseigneur m'avait fait remarquer, non loin de Carlisle, le parc et le le château d'une des célébrités vivantes du Royaume-Uni, de lord Brougham, dont je ne puis jamais entendre prononcer le nom sans me rappeler qu'une autre de nos célébrités contemporaines, M. Dupin, donnant une grande soirée à l'hôtel de la présidence, avait remplacé, au bas des billets d'invitation, la formule d'usage : « Il y aura des violons », par ces mots placés comme appât : « Lord Brougham y sera. » Son noble collègue dut en être singulièrement flatté.

En passant plus tard un modeste cours

d'eau, mon cicerone me dit : Ceci est la Sol-
way, rivière qui forme la limite entre l'Angleterre et l'Écosse; nous sommes désormais
dans les *borders*, sur ces terrains-frontières
dont la possession fut longuement disputée
entre les deux peuples, et qui, trop souvent,
fut rougie du plus généreux sang de l'un et de
l'autre. Les bardes écossais et Walter Scott
ont immortalisé le souvenir de ces luttes.

La nuit approchait, le soleil avait disparu
derrière d'épais nuages de mauvais augure;
je voyais les lointains se perdre dans la brume;
déjà je pressentais les brouillards d'Écosse.
De hautes collines aux formes arrondies, des
bruyères aux teintes chaudes, des terrains
incultes, parfois marécageux et n'offrant aux
moutons que de maigres pâturages; de loin
en loin quelques rideaux de pins, voilà ce
qu'à la lueur du crépuscule je pus entrevoir
du pays nouveau dans lequel je venais d'entrer. Mais quand la nuit fut tout à fait obscure,
un aspect différent s'offrit à mon regard surpris. Au-dessus de plusieurs points de l'horizon le ciel blanchissait, s'éclairait comme si

nous allions assister au lever d'autant de lunes. En approchant, ces lueurs devenaient plus vives, se coloraient, prenaient des teintes rougeâtres ; nous avancions davantage ; alors des points brillants, des jets de flammes apparaissaient à nos yeux, élançant vers le ciel leurs gerbes éclatantes au-dessus desquelles tourbillonnaient des flots d'une fumée richement colorée : tout l'horizon paraissait en feu, on eût dit un vaste embrasement. Nous étions parvenus à la région des hauts fourneaux, très-multipliés aux environs de Glascow. J'en ai compté jusqu'à seize en feu dans une seule usine ! Charbon et minerai se trouvent et s'emploient sur place ; c'est l'industrie et la richesse de cette partie du pays. Je n'ai rien vu de plus frappant et de plus curieux, et ce spectacle nouveau m'a intéressé et amusé jusqu'au moment de l'arrivée.

GLASCOW

Nous étions enfin au terme du voyage, j'en avais assez : cent trente-cinq lieues et douze heures passées dans un wagon, c'est autant qu'il en faut pour satisfaire le besoin de locomotion le plus exigeant; j'aspirais à la position verticale ou horizontale. En entrant à l'hôtel, je demandai de suite s'il n'y était pas arrivé depuis la veille un domestique de la duchesse d'Hamilton. Le premier et le second garçon me répondirent négativement; je crus qu'il y avait erreur et voulus parler au maître lui-même. Un jeune homme très-poli et ayant très bon air se présenta et m'assura qu'il n'avait chez lui personne venant de l'île d'Arran.

J'en pris aisément mon parti, et m'informai
des moyens de me rendre à ma destination.
Vous ne pouvez partir demain, me répondit
M. Mac-Gregor (un des noms historiques de
l'Ecosse), c'est dimanche : aucun bateau,
aucun chemin de fer ne marche. Mais, en
partant lundi matin à sept heures, vous serez
chez Sa Grâce le duc d'Hamilton à midi. Bien
des gens en lisant ceci seraient portés à crier
au puritanisme et à s'élever contre l'intolé-
rance religieuse qui impose d'*office*, aux po-
pulations, le respect pour la loi du dimanche.
Pour moi, j'aime à voir ici un hommage rendu
à un principe qui domine les intérêts de la
liberté individuelle et de l'industrialisme, et
qui consacre une autorité supérieure à ce
dogme des libres penseurs et des utilitaires :
que l'homme, ne dépendant que de lui seul,
a sa fin ici-bas, et ne s'y doit proposer d'autre
but que d'y vivre à sa guise le plus agréablement possible.

La spacieuse salle dans laquelle j'avais été
introduit mérite d'être décrite ; elle donnera
une idée de ce que sont les grands hôtels d'É-

cosse, celui-ci étant au nombre des meilleurs (l'hôtel de la Reine). Cette salle, qui sert à la fois pour prendre les repas et se réunir, est un carré long, ayant d'un côté trois fenêtres à coulisse qui ont vue sur une grande place (George-Square), et, à l'autre extrémité, trois grandes ouvertures cintrées donnant sur une cour intérieure et à verres dormants avec stores. Le plafond est orné de caissons en bois sculpté, et toute la pièce est lambrissée en vieux chêne; dans la longueur sont deux portes se faisant face, dont l'une est la principale entrée et l'autre est destinée au service. Dans cette pièce, parfaitement éclairée au gaz, il y a deux grandes et belles cheminées en marbre noir, avec des grilles en fer bien reluisant, remplies d'un charbon de terre qui jette, en brûlant, une flamme vive et claire comme celle du meilleur bois de hêtre. A portée des cheminées sont d'excellents fauteuils en acajou plein, recouverts en maroquin, avec les chaises assorties, et, aux quatre angles, quatre tables en acajou aussi, sur l'une desquelles sont les journaux et un singulier meuble que

je prenais, au premier coup d'œil, pour un
de ces cornets dont se servent les cantonniers
de nos chemins de fer pour signaler un convoi ; c'était une corne de bœuf, du plus beau
poli, garnie en argent aux deux bouts ; l'extrémité supérieure figurait un chardon, em-
blème de la Vieille Calédonie, et le gros bout
était fermé par un couvercle à charnière.
Je l'ouvris..... c'était..... devinez quoi..... une
tabatière à l'usage de la société! Sur cette
même table se trouvait un almanach des vingt-
cinq mille adresses, non pas de Paris, mais
de la noblesse, des propriétaires, négociants
et habitants notables de toute l'Écosse. Je pris
un intérêt réel à parcourir ces pages, et on le
comprendra sans peine, car elles contenaient
tous les noms historiques du pays, noms avec
lesquels les œuvres de Walter Scott nous ont
rendus familiers. J'ai retrouvé là, par ordre
alphabétique, tous les clans qui figurent avec
éclat dans ses romans : les Douglas, les Ca-
méron, les Campbell, les Mac-Grégor, etc.

Nous étions quatre ou cinq voyageurs lisant,
nous promenant sur le chaud et moelleux tapis,

prenant place à l'une des tables, où les gar-
çons apportaient à chacun son grog ou son
thé; sur un buffet étaient servies des viandes
froides à l'usage de ceux qui n'avaient dîné
que sommairement.

Je me retirai dans ma chambre, qui était
comfortable et propre; j'y remarquai les dimensions du lit : il avait près de deux mètres et
demi en carré. Une autre chose me frappa
aussi, ce fut l'absence de ce meuble discret, de
l'usage le plus intime, qui, chez nous, figure
dans toute chambre où il y a quelque chose à
cacher; heureusement il n'y avait que l'accessoire qui manquait, une chaise en tenait lieu.

Le lendemain il pleuvait à verse. Je ne connais pas d'aspect plus triste que celui de Glascow par un dimanche pluvieux : le ciel est
sombre, la ville plus sombre encore malgré
ses rues spacieuses et tirées au cordeau; on la
dirait bâtie en marbre noir, tant les édifices
publics et les maisons, d'un bon style d'architecture d'ailleurs, sont encroûtés de suie par la
multitude de cheminées industrielles qui,
ajoutées à celles des maisons, vomissent inces-

samment des flots de cette fumée de charbon de terre qui forme, sur la ville et dans la ville, une atmosphère épaisse et sale , laquelle déteint sur tous les objets. Qu'on joigne à cela les rues presque désertes , dont toutes les boutiques sont fermées et où l'on ne compte que quelques rares passants se rendant au temple sous leur parapluie, et l'on aura une idée de ce qu'est *le jour du Seigneur* dans la ville la plus populeuse de l'Écosse (on compte à Glascow 400,000 habitants) : c'est la solitude, l'immobilité et le silence réunis. On rencontre à peine une voiture dans la ville; ce jour là les fiacres ne stationnent pas sur les places. Si l'on veut en avoir un, il faut le faire commander exprès à l'écurie, et cet extra coûte un shelling de plus.

Glascow compte , sur sa population totale, dix mille catholiques environ, appartenant pour la plupart à la classe pauvre, à celle des petits marchands, ouvriers, homme de peine, qui sont presque tous Irlandais. L'église, qui est jolie et assez vaste , a été bâtie par souscription, il y a vingt-cinq ou trente ans; elle

4.

est dans le style gothique; mais ce qui gâte
l'effet architectural, ce sont les tribunes con-
struites, pour suppléer au défaut de place, non-
seulement au-dessus de la grande porte, mais
aussi dans les bas-côtés, où elles coupent désagréablement par la moitié les arcades ogivales
ouvrant sur la nef. En ma qualité d'étranger,
je fus conduit aux places d'honneur, c'est-à-
dire en haut de l'église, au-dessus du chœur.
La messe fut chantée en musique avec accom-
pagnement de l'orgue et de quelques instruments. Le chœur, composé en grande partie
sans doute d'amateurs irlandais, chantait juste
et avec ensemble. L'officiant, ecclésiastique
d'un certain âge, nous fit un sermon d'une
demi-heure qui me parut bon, et qui fut écouté
avec attention et recueillement. L'église était
comble et la tenue des fidèles fort édifiante.

Des hommes de bonne volonté faisaient la
quête, passant, de bancs en bancs, un plat qui
se remplissait assez promptement. Le produit
de cette quête était pour les besoins de l'église :
à l'entrée, sous le péristyle, se tenaient d'autres quêteurs qui présentaient aux sortants un

tronc sur lequel était indiqué l'objet de chaque quête : Pour les pauvres; pour les écoles d'orphelins.

En revenant au travers des rues inondées, je pus prendre un aperçu général de la ville, qui m'a paru régulière, bien bâtie et renfermant plusieurs beaux édifices et des monuments de meilleurs goût que ceux de Londres, mais encore plus enfumés, s'il est possible. J'en remarquai un cependant tout flambant neuf et encore brillant : c'était une statue équestre de la reine Victoria. Cette jeune et jolie personne, coquettement assise sur un cheval anglais pur sang et tenant à la main un sceptre au lieu d'une cravache, a quelque chose qui déconcerte, à la première vue, toutes les idées, tous les souvenirs du spectateur : il se refuse à croire qu'il ait sous les yeux l'effigie du souverain d'une nation puissante, et il faut que la réflexion et la mémoire lui viennent en aide pour qu'il se persuade qu'il y a ici plus et mieux qu'une plaisanterie, je veux dire la personnification d'une féconde et durable institution.

Revenu dans notre comfortable salle, je passai le reste de l'après-midi à écrire mes lettres, à regarder tomber la pluie et à suivre de l'œil quelques passants clair-semés qui longeaient, à pas précipités, les trottoirs ruisselants. Je remarquai, avec un sentiment de pénible surprise, de jeunes filles et des femmes de la classe ouvrière marchant pieds nus sur la pierre, abritées seulement par un mauvais châle dont elles s'enveloppaient la tête.

Je trouvai, sur la table aux journaux, un excellent petit itinéraire d'Écosse, à l'aide duquel je voyageai, à peu de frais et en quelques moments, au travers de cette intéressante contrée. Cette lecture me donna des regrets : si j'avais eu seulement vingt années de moins derrière moi et vingt jours de plus devant moi, je n'aurais pas résisté à la tentation de faire une pareille excursion autrement que dans le livre de M. Black (autant qu'il m'en souvient).

N'oublions pas l'événement de cette journée monotone, savoir l'apparition dans la salle d'un highlander revêtu de son pittoresque costume au grand complet; il n'y manquait que

la claymore! C'était un beau jeune homme,
grand, bien fait, d'une jolie tournure, et qui
portait, avec une aisance élégante, cet étrange
vêtement. En entrant, il jeta d'un air dégagé,
sur un fauteuil, son plaid aux couleurs de son
clan, et prit place auprès du foyer embrasé :
on eût dit un épisode de Rob-Roy.

Le lendemain matin, après avoir payé ma
note, dont les prix étaient fort modérés (4 fr.
pour deux nuits de logement!) je me fis conduire au chemin de fer d'Ardrossan, petit port
où je devais m'embarquer pour l'île d'Arran;
je pris mon billet, on m'indiqua un escalier,
et je trouvai, au second étage, le convoi qui
devait m'emmener. Au moment d'y prendre
place, un employé me demande mon billet,
que je cherche vainement dans une poche,
puis dans l'autre, et enfin dans toutes sans plus
de succès; je me hâte de descendre pour en
prendre un second; et, revenu auprès du convoi, je suis accosté par un jeune homme qui
me demande poliment si je n'ai pas laissé
tomber un billet de premières? Sur ma réponse affirmative, il me dit : — En voici un

que je viens de trouver sur l'escalier. — C'est
trop tard, je viens d'en prendre un autre. —
Allez de suite le rendre, Monsieur, vous en
avez encore le temps! En effet, je le reportai
au buraliste, qui ne fit aucune difficulté de me
rendre mon argent. Ce trait de délicatesse
vaut la peine d'être mentionné.

Nous sortîmes de Glascow par les toits,
marchant au niveau des cheminées, dont l'é-
paisse fumée se combinait avec le brouillard
pour me donner l'aspect d'un ciel d'Écosse,
d'un ciel industriel, avec lequel la contrée que
je traversais était en parfaite harmonie : tout
était gris, terne et prosaïque ; les terrains,
inondés par la pluie de la veille, étaient noi-
râtres et de mauvaise qualité, autant que j'en
pus juger par les arbres qui devenaient de plus
en plus rares et rabougris ; les gazons n'avaient
plus cette même teinte vivace que j'avais ad-
mirée en Angleterre ; le pays me rappelait celui que l'on traverse de Lyon à Saint-Étienne.
En effet nous étions en plein terrain houiller.
De nombreux puits d'extraction, avec leurs ma-
chines à vapeur, apparaissaient des deux côtés

de la route, communiquant par autant de petits
tronçons avec un chemin de fer qui courait
parallèlement à celui que je suivais C'est dans
ce pays-ci et en Angleterre que cette expression : réseau de chemins de fer, semble appli-
cable dans toute l'étendue de son acception ;
ils se croisent et s'entrelacent, de façon à jus-
tifier pleinement cette locution figurée.

La végétation allait s'appauvrissant de plus
en plus, accusant à la fois la stérilité du sol et
le voisinage de la mer; le pays était plat, monotone et dénué de tout intérêt. Le terrain sa-
blonneux s'élevait en petites ondulations, que
revêtait à peine un gazon maigre et terne. De
loin en loin je pouvais apercevoir la mer, sur
laquelle le soleil, perçant avec peine les brumes
du matin, jetait çà et là des lueurs blafardes.
L'heure indiquée pour l'arrivée à Ardrossan
était passée; des stations nouvelles où nous
nous arrêtions, aucune ne m'offrait l'aspect
d'un port. Je commence à m'inquiéter, et je
montre mon billet à un employé inférieur, qui
me dit avec un grand calme : vous avez dépassé de quatre stations celle de Killwinning,

où vous auriez dû descendre pour prendre l'embranchement d'Ardrossan. On ne m'avait rien dit en me donnant mon billet, et j'avais roulé ainsi, dans ma bonne foi, bien au delà du but. Qu'on juge de ma stupéfaction! Le conducteur me remit entre les mains d'un confrère qui allait partir avec un train montant, et je dus me résigner à la triste perspective de perdre encore une journée à Ardrossan, où je ne pouvais arriver qu'une heure après le départ du bateau d'Arran. Aussi, quelle ne fut pas ma joie, lorsque, déposé gratis à Killwinning, j'y appris que le bateau ne partait ce jour-là qu'à midi! C'était un coup du ciel.

Et j'en bénis Dieu, d'autant mieux que j'eus la bonne fortune de rencontrer, à cette station, un officier anglais qui était en garnison dans le voisinage, et allait à Ardrossan voir un sien parent. C'était un jeune homme d'excellentes manières, causant bien, et dont la société me fut fort agréable jusqu'à l'instant de mon embarquement. Il me donna divers détails intéressants sur le pays, et m'apprit entre autres que le port et la petite ville d'Ardrossan, de création toute récente, étaient l'ouvrage de lord Eglinton, qui avait creusé l'un et bâti l'autre pour ouvrir un débouché aux produits de ses immenses propriétés. La jetée du port lui avait coûté, à elle seule, dix mille livres sterling (250,000 fr.). La ville ne compte encore qu'une soixantaine de jolies maisons bien bâties et alignées. Un très-comfortable petit hôtel ayant pour enseigne : *Aux armes d'Eglinton,* s'élève à proximité du port; nous nous y arrêtâmes, et j'y fis un très-bon déjeuner, fort proprement servi. Le début de cette grande spéculation n'a pas été heureux pour lord Eglinton; mais il a eu le courage de persévérer, et aujourd'hui il se trouve avoir fait une bonne affaire. Le nouveau port commence à être très-visité, et les produits de toutes sortes de cette contrée, jusqu'ici inconnue et isolée de toute communication, s'écoulent avantageusement. L'embranchement du chemin de fer a été fait également aux frais du riche propriétaire.

L'ILE D'ARRAN

Cependant le temps s'était levé, le ciel graduellement éclairci, et le soleil, vainqueur des brouillards, brillait radieux sur la mer, sur cette triste plage qu'il égayait et sur l'île d'Arran, but de mon voyage. J'eus une admirable traversée d'une heure et demie, et j'en jouis pleinement. L'air était doux et presque chaud, malgré la saison avancée (8 octobre), la mer parfaitement calme, et du sein des eaux bleuâtres s'élevaient les lignes hardies, pittoresques et gracieuses de l'île, qui me rappelait les formes qu'on admire dans la baie de Naples, plutôt que celles que l'imagination prête aux rivages de la vieille Calédonie, d'après les impressions que lui ont laissées les descriptions des poëtes et du barde de Morven. Le profil accentué des montagnes d'Arran, leurs lignes heureuses, leurs teintes tour à tour chaudes, vaporeuses et transparentes, se détachaient sur le bleu un peu pâle du ciel et sur l'azur plus foncé de la mer, avec un charme tout italien. J'étais enchanté et surpris tout à la fois; je ne m'attendais en effet à rien de semblable, malgré tout ce qu'on m'avait dit de ce site, qui passe pour être le plus beau, le plus romantique de toutes les côtes de l'Écosse.

Quand le patron du bateau vint me faire payer mon passage, je sus de lui par quelle heureuse circonstance j'avais pu échapper au désappointement d'arriver après son départ, et d'avoir à attendre jusqu'au lendemain pour quitter Ardrossan : c'était une aimable attention du duc d'Hamilton. Sa Grâce, me dit cet homme, l'avait fait prévenir qu'elle attendait un ami qui arriverait sans doute de Glascow par le train de dix heures, et qu'elle le priait dès lors de retarder le départ du bateau jusqu'à midi. Je pus me convaincre du reste que cette faveur tout exceptionnelle, qui m'avait été si précieuse, n'avait nui à personne : les passagers pour Arran ne sont pas nombreux à cette époque de l'année, et ne tiennent guère à partir à heure fixe.

A mesure que j'avançais l'île se dessinait plus nettement; les différents plants s'échelonnaient, les détails ressortaient mieux et la vue y gagnait en intérêt comme en variété; un soleil radieux éclairait la mer, les montagnes et la plage. La charmante baie de Broadwick s'arrondissait gracieusement devant moi dans une enceinte de verdure; car ici la plus belle végétation descend jusqu'au bord de la mer. Déjà je pouvais distinguer à mi-côte, au-dessus d'une vieille futaie, l'antique manoir des comtes d'Arran, agrandi et restauré, avec beaucoup de goût, par le duc actuel. Sur la maîtresse tour flottait le drapeau aux couleurs des Hamilton, nobles couleurs qui, en Écosse comme en France, ont toujours été vues au plus fort de la mêlée ! « *Through !* tout au travers ! » comme dit la devise dans son laconisme énergique.

Le bateau jeta l'ancre à peu de distance de la plage, et une petite embarcation vint prendre à bord les quelques passagers qui descendaient dans cette partie de l'île, les autres devant être déposés à Lamlash, petit port peu éloigné, que le bateau dessert dans sa traversée journalière. Un chemin escarpé conduit au château par ce bois de haute futaie dont j'ai parlé, et qui est une des gloires de cette romantique habitation. Ce chemin, que suivaient, au temps jadis, les preux chevaliers et les nobles dames montés sur leurs palefrois et escortés de leurs pages et hommes d'armes, est tout ce que l'on peut voir de beau et de caractéristique. Il serpente par une pente très-roide au travers d'arbres magnifiques, plusieurs fois séculaires, dont beaucoup sont revêtus de lierres qui pendent en festons gracieux. A droite et à gauche sortent de terre des rochers richement tapissés de mousses, de lichens et de plantes grimpantes; entre ces vieux troncs, sous ces dômes de verdure des fourrés pittoresques, une vigoureuse végétation de graminées élégants et de belles fougères jau-

5.

nissantes; on peut trouver que ce chemin est
pénible (il y en a un autre pour les voitures),
mais je défie de le trouver long, pour peu
qu'on ait le sentiment des beautés naturelles.
N'oublions pas de dire que, pour donner la
dernière touche au tableau, le soleil dardait
obliquement, au travers des masses du feuil-
lage, ses rayons qui tachetaient de points lumi-
neux les sombres profondeurs de la forêt.

Parvenu au sommet, je me trouvai en face
de l'antique manoir féodal, qui est plein de
caractère. Broadwick-Castle est bâti en beau
grès rouge, et la partie nouvellement construite
se marie à l'ancienne de manière à ne pas
faire de disparate. A ces vieux murs se rattachent des souvenirs historiques : Cromwell, à
ce qu'on assure, y serait venu, et l'on voit,
sur une terrasse crénelée qui subsiste encore,
deux petits canons qu'il y avait fait placer sans
doute pour tenir à distance les seigneurs
d'Arran, qui ne devaient pas être bien notés
auprès de lui. Là m'attendait un nouveau mé-
compte : le domestique qui me reçut m'apprit
que la duchesse, ne me voyant pas arriver

au jour convenu, et croyant que j'avais changé
mon itinéraire, était partie le matin même pour
Hamilton, afin de m'y recevoir; le duc était
resté au château pour profiter du retour du
beau temps et chasser encore aux *grouses*
(gelinottes) avec quelques amis, circonstance
qui me consola à moitié. Il ne devait rentrer
que pour dîner; j'avais encore devant moi
deux heures de soleil, et la soirée était admirable; je résolus de mettre ce temps à
profit et d'atteindre un point culminant, une
colline, ou, pour parler plus exactement,
une petite montagne assez respectable qui s'é-
lève au-dessus du parc. Je pris avec moi un
enfant du pays pour me servir de guide, et
me mis allègrement en route.

Nous traversâmes les pâturages renfermés
dans la première enceinte, sur lesquels paissaient un grand nombre de beaux moutons tous
blancs et n'ayant de noir que la tête et les extrémités, ce qui leur donne une physionomie fort
originale. De là nous pénétrâmes dans une
forêt croissant sur un sol marécageux, spon-
gieux et noirâtre, et qui offrait l'aspect d'une

forêt vierge, moins la grandeur toutefois. En cheminant péniblement sur ce terrain inondé, j'entendis un grand bruit au-dessus de ma tête; je levai les yeux et vis un oiseau de la grosseur d'un dindon qui, dans son vol pesant, se faisait jour au travers des cimes des arbres : c'était un coq de bruyère. Si j'avais eu un fusil.... et de l'adresse, j'aurais pu le rapporter en triomphe au château.

Nous sortîmes de ce bois en escaladant, avec quelques difficultés, un mur en pierres sèches dont les matériaux, pris sur place, étaient disposés avec une intelligence qui donnait, à cette clôture toute celtique, certain degré de solidité. Je me trouvai alors en pleine Écosse, c'est-à-dire dans les bruyères jusqu'au genou, gravissant péniblement sur une pente assez roide et me croyant, à chaque instant, près d'atteindre le sommet qui semblait toujours fuir devant moi. Enfin j'y parvins, mais je ne trouvai pas ce que j'attendais : je ne pus, en effet, jouir que d'une vue partielle de l'île, savoir, du château, de la baie de Broadwick, de la vallée qui y aboutit et de la baie de Lamlash ; la pleine mer bornait le paysage et y ajoutait sa poésie. Pour avoir une vue générale, un panorama complet de l'île, il m'eût fallu grimper au sommet du Goatsfell, la montagne la plus élevée comme la plus pittoresque d'Arran : il ne me restait ni le temps ni le courage nécessaires pour une pareille entreprise.

Le soleil, qui déclinait, m'avertit qu'il était l'heure de redescendre. En enjambant ces hautes touffes de bruyères en fleurs, je pus me rendre compte de ces belles teintes chaudes que j'avais admirées de la mer, et qui rappelaient un autre ciel. Une grouse partit sous mes pieds ; cet oiseau, plus gros qu'une perdrix rouge, a un vol plus pesant, et ne me paraît pas devoir être difficile à tirer. Si j'avais eu un fusil etc., c'eût été une seconde pièce à exhiber à mon retour au château. Heureux volatiles d'avoir eu affaire à un promeneur inoffensif comme moi !

J'arrivai encore à temps pour avoir de charmants effets de soleil couchant sur la baie et la vallée, ma chambre étant la mieux située, la mieux exposée du château. Le duc venait de

rentrer et s'habillait pour le dîner ; lorsque je
voulus en faire autant , je cherchai vainement
mes clefs : il me fut impossible de les trouver ! A ce nouveau coup de la fortune, à ce
dernier effet de ma mauvaise étoile, je tombai
dans un accès de désespoir comique, et dont
j'ai bien ri.... après. Je sonnai à triple caril-
lon ; un Italien , valet-de-chambre maître-
d'hôtel du duc, se hâta d'accourir ; je lui ex-
posai mon extrême embarras, lui demandant
s'il n'avait pas sous la main un ouvrier adroit
et résolu pour ouvrir ou forcer ma malle et
mon petit sac de voyage. J'ai votre affaire, me
répondit-il, et il m'amena, au bout de quelques
minutes, un naturel du pays à la physionomie
intelligente qui, faisant un petit crochet avec
un fil d'archal, essaya, sans en venir à bout,
d'ouvrir les serrures à l'amiable. Il fallut en
venir aux grands moyens, à l'effraction ; en
un tour de main, la malle fut ouverte ; mais
le sac offrait une résistance contre laquelle tous
les efforts échouaient ; on eût dit que le grand
Fichet et le non moins célèbre Huré, ces ingé-
nieux inventeurs des serrures énigmatiques et

des cadenas insolubles, avaient combiné leurs talents pour mettre en défaut la patiente adresse de l'insulaire. Un moment je crus qu'il faudrait pratiquer, sur ce sac rebelle, l'opération césarienne, pour le forcer à mettre au jour ce qu'il recélait dans ses flancs ; enfin, la fermeture céda, et je respirai !

Je trouvai au salon le duc et ses trois hôtes en cravates blanches, souliers vernis, et le reste, bien qu'il n'y eût point de dames. L'un de ces messieurs, M. Saint-John, était de ma connaissance ; j'avais eu le plaisir de le voir plusieurs fais à Bade. Le second, M. Hamilton, capitaine de la milice, était cousin et ami du duc, qui me mit en rapports avec lui, ainsi qu'avec un officier général en retraite, l'un des vétérans des guerres de la Péninsule, grand chasseur et agréable convive. L'étonnement de ces messieurs fut grand : le domestique, envoyé à Glascow à ma rencontre, étant revenu sans rien savoir de moi, on m'avait cru perdu ou déjà à Hamilton. Il est vrai que cet homme avait été m'attendre, par ordre, à un hôtel autre que celui où la duchesse m'avait écrit de descendre; méprise que le duc m'apprit en riant de cette singulière manière de donner un rendez-vous à jour et à lieu fixes. J'amusai ces messieurs du récit de mes trente-six infortunes d'Arlequin, dont j'espérais bien avoir subi la dernière, et nous passâmes dans la salle à manger.

Cette pièce et un petit salon attenant faisait partie du vieux château; mais elle n'a rien du vieux temps que l'épaisseur des murs, la petitesse des fenêtres et le peu d'élévation du plafond, tandis que le salon récemment construit est spacieux, élevé et parfaitement clair. Pendant le dîner, il fut question de la chasse; elle avait été ce jour-là peu heureuse, et ces messieurs observèrent que la saison en général était mauvaise, les couvées des grouses n'ayant pas bien réussi. — Nous n'en avons guère tué, depuis l'ouverture de la chasse, que huit cents paires, me dit le duc. — Comment! repartis-je, huit cents! Mais combien en tuez-vous donc, milord, lorsque l'année est bonne? — Mais de quatorze à seize cents paires. — Et que faites-vous de cette prodigieuse quantité de gibier? — On en consomme une partie au château, maîtres et gens en mangent à satiété, et l'on expédie le reste à ses amis; on fait même des envois jusque sur le continent; les grouses sont partout en grande faveur. J'en mangeais pour la première fois; je préfère nos perdrix grises et rouges : les grouses ont un goût plus prononcé et un peu sauvage.

Le dîner fini, les domestiques éloignés, nous restâmes, d'après l'usage anglais, à causer, tout en faisant circuler le claret et le sherry (Xerès), qui furent proclamés de qualité supérieure. Sur cinq convives que nous étions, quatre étaient toujours disponibles et à la hauteur de la circonstance; mais le cinquième, aimable et spirituel conteur du reste, avait des moments d'oubli qu'il savait dissimuler sous les apparences les plus convenables : chez lui, parfois la nature faiblissait, mais alors on l'eût dit plongé dans une méditation profonde, et il fallait que son voisin l'en tirât, en frappant trois ou quatre petits coups sur la table, lorsque le flacon lui arrivait. A cet appel, il se redressait, remplissait à demi son verre, qu'il élevait entre son œil et la lampe, pour admirer la couleur ambrée du Xerès qu'il dégustait lentement en vrai connaisseur, puis passait le flacon à son voisin et retombait dans ses réflexions.

Après le café, nous jouâmes à un jeu très-populaire en Écosse, et qui, destiné à être joué en hiver sur la glace, a été adapté en petit à l'usage des salons. Je ne puis mieux en donner l'idée qu'en le comparant à notre jeu de boules, à cette différence près qu'au lieu de faire rouler ou de lancer son projectile vers le but, ou contre celui d'un adversaire plus heureux ou plus habile, on le fait glisser sur la glace, si l'on joue en plein air, ou dans un salon sur une table d'acajou bien poli. Ici seulement le projectile en cuivre a la forme d'un disque, le diamètre d'un décime et l'épaisseur de quatre de ces gros sous superposés. Ce jeu offre le même genre d'intérêt et exige le même genre d'adresse que celui dont l'attrait captive si puissamment les Parisiens aux Champs-Élysées.

A onze heures, le duc me dit très-aimablement : Je ne vous propose pas de descendre au fumoir; vous n'êtes pas fumeur, cela vous manque ! Je le remerciai de la dispense dans l'intérêt de mon honneur, comme de l'excellent dîner que je venais de faire, et me retirai dans ma chambre. Ossian, fils de Fingal, qui, selon la tradition, a passé ses dernières années et fini sa vie à Arran, et qui, sans nul doute, sera venu à Broadick-Castle (que peut-être il a fondé), Olivier Cromwell qui, de science certaine, y a habité, étaient à coup sûr moins bien logés que moi, vieux touriste émérite. Un inventaire de ma chambre n'est pas ici hors de propos pour donner une idée du comfort dont on jouit dans cette île, où l'on pourrait se croire au bout du monde.

Le premier meuble qui se recommande à l'attention, c'est le lit, dans des dimensions toutes primitives qui rappellent ces temps où il n'y avait, dans les manoirs, qu'un seul lit, dans lequel était admis l'hôte que le hasard du soir amenait, le seigneur châtelain et sa noble compagne se réservant le côté de la ruelle. Au pied de cet immense lit carré qui, fermé de ses rideaux de perse, semblait un cabinet, était une causeuse également en perse, et de-

vant elle une table à écrire couverte de tout ce
qui était nécessaire, utile et agréable, et même
superflu en vue de sa destination ; entre cette
table et les deux fenêtres, un meuble de toilette
à glace mobile. Ce qu'il y avait de plus curieux
et de plus complet, c'était l'établissement, le
département des ablutions, où était étalée
une profusion de vases de toutes formes et de
dimensions colossales, si bien qu'il fallait se
servir des deux mains pour verser l'eau avec
un certain effort dans les cuvettes, sortes de
petites mers méditerranées, où l'on pouvait
s'engloutir la tête la première ; au-dessous une
autre mer encore plus grande en belle faïence,
destinée aux aspersions générales. Je n'aurais
pu soulever et manœuvrer qu'avec peine l'é-
norme pot à l'eau qu'elle contenait dans l'en-
coignure ; enfin on voyait un bassin servant à
ce que les médecins de cour appellent un pe-
diluve (*vulgó* bain de pieds). Je passe sous silence la multitude de petits vases, plus ou moins
utiles, qui se rattachent à cette partie de la toilette dans ses moindres détails. Deux meubles
tenant lieu de commodes, en bel acajou plein,

comme toujours ; plus un comfortable fauteuil
Voltaire à l'angle de la cheminée toute relui-
sante de propreté, et quatre chaises rembour-
rées complétaient l'inventaire. Il ne restait
dans la chambre, au milieu de tous ces objets,
que la place nécessaire pour circuler libre-
ment. Je n'aurais pas pu y donner un bal, à
moins que de faire danser sur le lit.

J'achevais tranquillement mon courrier,
lorsque, vers dix heures, un bruit retentissant,
étrange, me fait tressaillir sur mon siége ;
c'était comme un *forte* strident, suivi d'une
sorte de *tremolo* qui allait en *smorzando*,
puis en *crescendo* aboutissant à un nouveau
forte, pour s'éteindre enfin dans un *perden-
dosi* habilement gradué. C'était, non pas la
cloche, mais le gong ou tamtam du déjeuner ;
je remarquai, en descendant, l'instrument
chinois tout monté et dont le piper [1] highlander
du duc joue en véritable artiste.

Après un déjeuner très-copieux et très-bon,
où les grouses jouaient un rôle obligé, le duc

1. Joueur de cornemuse.

me proposa de l'accompagner au petit port de
Lamlash, où lui et ses amis s'étaient donné
rendez-vous pour une dernière partie de
chasse : nous montâmes dans un de ces véhicules disgracieux mais très-commodes, qui sont
connus en Angleterre sous le nom de *irish-
carr* (char irlandais). Traînés par un seul
cheval, ils portent, suspendus sur des ressorts
à pincettes, deux bancs latéraux sur lesquels
peuvent prendre place, deux à deux et dos à
dos, quatre personnes. Le conducteur est assis
par-devant. C'est une excellente voiture de
chasse ou de promenade, mais par le beau
temps, et pour des gens disposés à braver « les
intempéries de la saison pluvieuse ». Aussi ne
s'y embarque-t-on que bien pourvu de plaids,
de mac-intosch et de parapluies; nous n'en
eûmes pas besoin, ayant ce jour-là ce que les
voyageurs français et italiens appellent un
mezzo tempo (un demi-temps). La route,
très-bien entretenue, est montueuse et traverse, dans sa plus grande partie, des terrains incultes, des collines d'un aspect triste
et sauvage, pauvrement revêtues de bruyè-

res, de buissons et de touffes de genèvriers.

Parvenus au point culminant, à une espèce de col qui sépare la baie de Broadick de celle de Lamlash, nous retrouvâmes de la végétation et des cultures. Là aussi vient s'ouvrir, comme sur l'autre baie, une jolie vallée habitée, où les champs ensemencés, les prairies, les bouquets de bois et les arbres isolés s'entremêlent et alternent de la manière la plus agréable. Malheureusement le soleil manquait, le ciel était d'un gris plombé, et l'on sait tout ce qu'un paysage perd dans de telles conditions.

Un tragique événement nous attendait à ce petit port. La mer y ayant plus de fond qu'à Broadick, le bateau à vapeur peut s'amarrer tout près de la jetée, et c'est là que le duc débarque et embarque ses chevaux. Un très-beau carrossier, jeune et plein de feu, venait de se tuer pendant l'opération de l'embarquement, ou plutôt, selon l'expression pittoresque et poétique des assistants, il s'était brisé le cœur (*he broke his heart!*) dans les efforts d'une résistance désespérée. Le noble et malheureux animal avait la mer en horreur : chaque fois qu'il avait fallu l'embarquer, il avait lutté de toute son énergie, et ces scènes réitérées de désespoir avaient fait pressentir sa mort tragique. Ce qu'il y avait de singulier, c'est que le pauvre défunt n'offrait aucune lésion à l'extérieur; il ne s'était pas frappé la tête contre le sol ou contre les parois de sa stalle, non, il s'était brisé le cœur! On prononça sur lui quelques mots d'éloges, on plaignit sa fin lamentable et prématurée, puis on l'écorcha pour en avoir la peau.

J'ai remarqué, dans cette course, un singulier système de constructions et d'habitations : tout un hameau, de dix-neuf familles, vivant sous un même toit, dans une seule maison divisée en autant de demeures séparées, ayant chacune son propriétaire! Ma première pensée était, qu'un maçon avait élevé cette longue bâtisse pour la louer aux occupants, mais il n'en était rien : ceux-ci avaient acheté le terrain, les matériaux, et bâti en commun, chacun restant maître de sa portion. Les frais de réparations générales se répartissent entre tous. Cela est fort laid et désenchante totalement le paysage.

Je revins seul au château, sans souhaiter bonne chasse à ces messieurs, dans la crainte de leur porter malheur; ils revinrent avec une masse de gibier, une cinquantaine de pièces environ : lièvres, grouses, et une sorte de faisan des montagnes, qui se trouvent en grand nombre sur les hauteurs du Jura; on les nomme je crois, des tetras, en anglais, *blackgame.*

Vers la fin du dîner, le duc me renouvela le plaisir d'une exhibition dont il m'avait déjà donné un avant-goût à Paris, mais qui a un tout autre intérêt à Arran, où elle est de circonstance et véritablement dans son cadre. J'ai parlé plus haut du joueur de cornemuse highlander, et, pour peu qu'on possède son Walter Scott, il est presque superflu de rappeler ici que ce personnage, j'ai presque dit ce fonctionnaire, a remplacé le vieux barde du temps jadis, et fait aujourd'hui partie intégrante et nécessaire de la maison de tout grand seigneur écossais. Celui du duc n'ignore pas cette illustre origine; il a la conscience de son importance, et ne se range pas dans la catégorie des domestiques ordinaires. Au dessert donc, j'entendis retentir faiblement, dans les pièces éloignées, les sons bien connus de sa cornemuse, qui devenaient de plus en plus distincts et plus perçants à mesure qu'il se rapprochait. La porte de la salle fut ouverte toute grande par le maître d'hôtel, et nous vîmes apparaître le piper dans l'exercice de ses fonctions : revêtu habituellement de son costume national, aux couleurs des Hamilton, il n'avait eu qu'à prendre son instrument, non moins pittoresque, non moins original. Richement incrusté en argent, il était, de plus, orné de rubans flottants disposés avec beaucoup de goût ; le bourdon, la note grave formant pédale de tonique, résonnait sans interruption, tandis que la mélodie du *reel* folâtrait capricieusement dans les notes hautes, se mariant, d'une manière plus ou moins bizarre et quelquefois un peu sauvage, à la basse continue du bourdon. Au point de vue musical cela était bien loin, assurément, d'être irréprochable, mais c'était admirable à celui de la couleur locale ! Ce qu'il y avait ici de particulièrement curieux, c'était la pose, la physionomie, la démarche du musicien; descendant en ligne directe du barde *gaelic*, et personnifiant les anciennes traditions du pays, cet homme ne jouait pas un air, il semblait accomplir une fonction et célébrer un rite.

Le lendemain, jour du départ, le duc donna une audience publique à ceux de ses tenanciers qui avaient à lui exposer leurs griefs et à lui présenter leurs requêtes. Cela se passait sur l'esplanade sablée qui était au-dessous de mes fenêtres; il m'était facile d'observer et le seigneur et les vassaux, ainsi que de me faire une idée de la nature de leurs relations réciproques; je n'ai rien vu qui ne me parût honorable pour l'un comme pour les autres : d'un côté, nulle morgue, nulle raideur, mais une bienveillance prévenante; de l'autre, aucune servilité, mais un sentiment de respect qui n'excluait pas une affectueuse confiance. Un de ces hommes se tenait à distance, un papier à la main; le duc s'avança vers lui en lui demandant, d'un ton encourageant, ce qu'il voulait. L'homme fit quelques pas, porta respectueusement la main à son bonnet, puis

la tendit au duc qui la secoua cordialement,
lut sa requête et la lui rendit, en lui donnant
une réponse favorable, autant que j'en pus
juger par l'expression des deux figures, dont
l'une peignait la bonté et l'autre la satisfaction
et la gratitude.

Aussi le duc est-il fort aimé de ses tenanciers d'Arran et d'Hamilton; il les aime,
tient à eux et ne s'en sépare que lorsqu'il ne
peut faire autrement, les plus anciens étant,
assure-t-il, ceux dont il est le plus content.
Il y a des familles qui *tiennent* les terres
qu'elles cultivent depuis trois et quatre siècles,
et qui y prospèrent. Le duc n'a point voulu
adopter le système, fort avantageux et qui n'est
que trop suivi, d'avoir de grands fermiers,
lesquels sous-louent aux tenanciers qu'ils
pressurent. C'eût été pour lui, m'a-t-on dit,
un accroissement de revenu de plusieurs centaines de mille francs : il n'a pas voulu l'a-
cheter à cette condition.

Je ne connais pas de plus désirable petit
royaume que cette île d'Arran, qui a douze
ou quinze lieues de tour et compte plus de

7,000 habitants; elle est entrée dans la famille d'Hamilton par un mariage; Archibald épousa, vers la fin du XIVe siècle, la fille de Jacques, roi d'Écosse, qui lui constitua en dot Arran, érigé en comté vingt-cinq ans plus tard. L'île entière appartient au duc actuel, qui a racheté successivement toutes les portions de terrain vendues ou concédées par ses ancêtres. Un seul domaine, plus important que les autres, avait été donné, dès le XIIe siècle, par un roi d'Écosse, à une famille qui l'a toujours possédé depuis et l'habite encore aujourd'hui : on conçoit qu'elle ne consentira jamais à le vendre. Le duc vit au reste dans la meilleure intelligence avec ce voisin, qui est son ancien dans l'île.

Arran m'eût offert, si j'y fusse resté plus longtemps, plusieurs jolies excursions à faire. Les touristes dessinateurs, les botanistes et les géologues visitent l'île avec intérêt, et les derniers y trouvent de belles agates, des jaspes et du cristal de roche d'une grande pureté, connu sous le nom de diamant d'Arran.

LA TRAVERSÉE

En montant à bord pour nous rendre à Glasgow, nous trouvâmes, sur le bateau, une société nombreuse et variée, mais peu choisie, savoir : quatre ou cinq poneys du duc, tout un troupeau de moutons d'Arran (bonnes connaissances à faire à table), plus une douzaine d'*habillés de soie*[1] ou vulgairement de cochons gras, qui ne voyageaient pas pour leur plaisir, ainsi qu'on en pouvait conclure de leurs bruyantes protestations.

1. Circonlocution polie de nos paysans du Nivernais.

« Leur maître n'avait pas dessein
« De les mener voir Tabarin. »

Au reste, tous ces compagnons de voyage, réunis à l'avant du bateau, se comportèrent, une fois partis, avec une sagesse exemplaire : ils ne bougèrent plus et ne dirent plus mot.

Autant le trajet de Glasgow à Ardrossan, par le chemin de fer, est monotone et dénué de tout intérêt, autant le retour par la Clyde est gai et animé. Le temps malheureusement n'était pas favorable ; le ciel gris et plombé ne laissait pas apercevoir un seul lambeau de bleu, ni percer un seul rayon de soleil ; il soufflait un vent aigre qui rendait fort désagréable le séjour sur le pont, encombré d'ailleurs de passagers et d'effets entassés. Néanmoins nous y restâmes bien enveloppés, et la nouveauté, la variété des objets qui passaient rapidement sous mes yeux furent pour moi une compensation. Il n'y avait point assez de mer pour nous rendre malades, le golfe de la Clyde étant protégé par des collines d'un aspect généralement âpre et sauvage ; mais,

à mesure qu'on s'y enfonce davantage, la vie
et l'intérêt augmentent, une multitude d'habitations isolées ou groupées, de petites villes,
dont quelques-unes paraissent le centre d'un
grand mouvement industriel et commercial,
animent le paysage qui prend graduellement
un caractère moins sévère. Nous fîmes halte
un moment au *port de Glasgow*, situé à l'embouchure de la Clyde. Cette rivière est, pour la
ville de ce nom et pour toute l'Écosse, ce que
la Tamise est pour Londres : je veux dire la
grande voie de communication avec la mer,
et par suite avec le monde entier. A partir de
ce point, l'activité, le bruit, le mouvement
redoublent; de nombreux steamers se croisent,
se suivent, se devancent et projettent, sur le
ciel brumeux, leurs noirs panaches de fumée.
D'autres embarcations, de toutes dimensions,
de toutes formes, montent, descendent le cours
du fleuve. Des maisons de campagne, des cot-
tages, des habitations plus somptueuses, om-
bragées de beaux arbres et entourées de verdoyants gazons, égaient le paysage, vous
montrant ainsi le repos et la jouissance à côté

de l'industrie et du travail, dont ils sont le but et la récompense.

Nous passons au-dessous du château de Dunbar, lieu historique illustré par des souvenirs de plus d'un genre. C'est là que Bothwell, l'assassin de Darnley, conduisit Marie Stuart, peu après le meurtre de son époux, afin de la contraindre à l'épouser. Cette union ne fut au reste heureuse ni pour l'un ni pour l'autre. On connaît la fin tragique de Marie Stuart; quant à Bothwell, il n'est pas inutile de rappeler que, devenu justement odieux à ses compatriotes, il fut chassé du pays et alla mourir misérablement en Norvége ou en Danemark.

Au risque de froisser de généreuses sympathies et des partialités respectables, je dois avouer ici, n'en déplaise à la grande ombre de Schiller, que mon intérêt pour son héroïne ne commence qu'avec sa dure captivité de dix-huit ans, pour aller en croissant jusqu'à sa mort, qui fut grande parce qu'elle fut chrétienne. Cette mort, acceptée et subie avec un calme et une résignation admirables, a réhabilité la première partie de sa vie, sur laquelle on aime à jeter un voile.

Ce fut non loin de la ville de Dunbar que Cromwell battit et défit complétement l'armée des royalistes écossais. Il est probable que la reconnaissance militaire qu'il poussa jusqu'à Arràn date de cette époque, à moins qu'on ne suppose que le désir de chasser aux grouses ne l'ait amené à Broadwick-Castle, pour y prendre du bon temps avec quelques intimes et se dédommager de la contrainte qu'il s'imposait en public. L'anecdote du bouchon cherché par lui sous la table pourrait accréditer une pareille supposition [1].

A mesure que nous avancions, l'activité et le bruit allaient croissant sur l'une et l'autre rive; nous avions atteint la région des chantiers de constructions maritimes. On me signala en passant la coque presque terminée du plus grand des steamers connus : je n'ose dire le nombre de pieds qu'il mesure dans sa lon-

1. Que faites-vous donc là ? lui demanda un farouche puritain, qui le surprit dans cette position. — Je cherche le Seigneur, répondit-il sans se déconcerter.

gueur, je craindrais de paraître exagérer, tant le chiffre m'en a semblé fabuleux ! Ses colossales dimensions m'ont encore moins frappé toutefois que ses proportions gracieuses et sa coupe élégante. Les hautes cheminées industrielles de plus en plus nombreuses, les tourbillons de fumée de plus en plus intenses nous annoncèrent l'approche de Glasgow, de cette ville de labeur à laquelle s'applique en grand ce que le poëte dit des forges de Lemnos :

.....Et vulcanus ardens
Urit officinas.

A Glasgow, on retrouve les quais, dont l'absence se fait sentir si désagréablement à Londres ; s'ils ne sont point beaux, ils m'ont du moins paru larges et commodes. Les vaisseaux, les bateaux y sont amarrés sur plusieurs rangs, et il y règne un mouvement tel que celui qu'on remarque dans tous les grands ports de mer ; mais ce qui m'y a frappé, parce que je ne l'ai rencontré nulle part, c'est la politesse native, la bonne humeur constante des Écossais des classes inférieures. Portefaix, commissionnaires, ouvriers du port, tous ont

des habitudes de savoir-vivre qu'on chercherait
vainement ailleurs dans une classe plus relevée :
je n'ai pas vu une rixe ni entendu une parole
grossière.

Nous gagnâmes l'hôtel, où le duc avait donné
ordre de lui envoyer sa voiture, qui devait
nous mener à Hamilton-Palace, distant d'une
heure environ. Elle ne tarda pas à paraître
devant la porte, attelée de quatre grands chevaux anglais pur sang, conduits par deux pos-
tillons en tenue : culottes de peau, bottes
molles, veste rouge, etc., etc. Je crus que
bêtes et gens venaient des écuries du duc;
point du tout, c'étaient des chevaux et des
hommes de la poste de Glasgow!! Nous partîmes au milieu des hourrahs d'une nuée d'enfants, ravis de saluer un duc en équipage à
quatre chevaux et de lui faire cortége, et bientôt nous vîmes les derniers édifices de Glasgow se perdre dans les brumes du soir. Le
pays que nous traversions, et que je distin-
guais difficilement à l'aide des dernières lueurs
du crépuscule, me parut ne pas avoir de caractère bien prononcé.

Nous arrivâmes à un pont jeté sur une petite rivière : cette rivière était la Clyde, l'une des gloires de l'Écosse, et le pont n'était rien moins que ce pont de Bothwell, où se livra cette sanglante bataille si bien décrite par Walter Scott, où le duc de Monmouth, général du roi Charles, battit l'armée du Covenant, des puritains écossais. Le duc se rappelait d'avoir vu, étant enfant, ce pont dans l'état où il était à l'époque de la bataille, avec une porte destinée à en défendre le passage ; en le restaurant pour l'élargir, on lui a ôté tout son caractère. En effet il ressemble aujourd'hui au premier pont venu, et rien n'y ramène la pensée au grand fait d'armes qui porte son nom, et aux actes de courage, de dévouement et de férocité dont il fut le théâtre. Quel est celui des lecteurs de Walter Scott qui n'ait encore présent à la mémoire ce combat à mort, cette lutte désespérée de Balfour de Burley contre son terrible adversaire, lutte achevée dans le lit de la Clyde, dont les flots ensanglantés se refermèrent sur les deux combattants, que la mort n'avait pu séparer ? Ce fut dans le parc et les bois d'Hamilton que se réfugièrent et se cachèrent après la bataille les débris de l'armée vaincue; ils y trouvèrent leur salut.

HAMILTON-PALACE

Nous longions déjà les murs du parc et nous passâmes devant une des grilles ; cette entrée-là est la plus belle ; mais le duc, dans son amour-propre de propriétaire, ne voulut pas me la faire voir avec des conditions si défavorables (il était nuit fermée) et donna ordre de passer par la petite ville d'Hamilton. En quelques minutes la calèche, après avoir franchi une autre grille, s'arrêta à la porte du palais, dont je ne pus rien distinguer, en raison de l'obscurité profonde.

La duchesse parut charmée de me voir retrouvé ; nous rîmes encore avec elle de ce malencontreux rendez-vous de Glasgow, et je lui racontai toutes les péripéties de mon voyage; puis le duc me mena prendre possession de la chambre qui m'était destinée : celle-ci était assez spacieuse pour que j'y pusse faire danser, sans avoir besoin de disposer du lit à cet effet. En regardant par les fenêtres, je vis, sur plusieurs points de l'horizon, ces lueurs dans le ciel, ces levers de lune multipliés qui m'avaient tant frappé en arrivant à Glasgow, la semaine auparavant; quelques-uns des hauts-fourneaux étaient assez rapprochés pour que j'en pusse distinguer les gerbes de flammes s'élançant du sommet de ces tours ignivomes.

Dès que je fus prêt, je me mis en chemin pour me rendre au salon, car c'était un voyage long et peu facile. Ce palais d'Hamilton est un monde! Je m'égarai complétement dans ce labyrinthe de corridors, de passages, d'escaliers grands et petits; si bien que je revins à mon point de départ, et j'aurais sans nul doute recommencé le cours de mes égarements, si je n'avais pas rencontré une Ariadne dans la personne d'une bonne Allemande, ma vieille connaissance, devenue gouvernante des enfants;

elle ne me donna pas, comme sa devancière, un peloton de fil, mais elle me remit charitablement sur mon chemin, et j'arrivai au salon sans plus d'ambages. Le duc et la duchesse n'avaient chez eux, dans ce moment, que trois hôtes, M. St-J..., venu avec nous d'Arran, et Mme S..., amie de la duchesse, bonne et aimable Française mariée à un Anglais : « A small, but select party » pour emprunter le style des journaux fashionables.

On faisait salon dans la bibliothèque ; c'est là que le duc se tient de préférence, bien qu'il y ait plusieurs autres salons : il n'y en a même que trop, tout ce premier étage étant exclusivement réservé aux appartements d'honneur, aux pièces de réception. Le duc, et avant lui son père, a choisi la bibliothèque, qui est plus comfortable et mieux placée par rapport à la salle ou aux salles à manger, car il y en a deux, l'une pour les grands dîners, l'autre pour une société moins nombreuse : celle-ci est une jolie pièce ornée de bons tableaux des différentes écoles. Après le dessert, les dames sortirent de table, conformément à l'usage anglais; le duc

se leva, ainsi que nous, les conduisit jusqu'à
la porte et revint prendre sa place avec M. St-J...
et moi, pour causer un quart d'heure sur la
bouteille, *over the bottle*. Ces séances-là ne
se prolongent plus aussi longtemps que jadis,
et surtout ne finissent plus comme autrefois
par la disparition successive de plusieurs des
convives, qui glissaient l'un après l'autre sous
la table, à la grande hilarité des plus solides
commensaux. Sous ce rapport, il y a amélio-
ration notable dans les mœurs de nos voisins.
Ils seraient en droit d'ailleurs de nous rétor-
quer les *apartè* que, dans nos châteaux et
même à Paris, les hommes font au fumoir après
le dîner, laissant les dames se morfondre au
salon, où elles n'ont pour partenaires que ces
survivants d'un autre âge, pour lesquels la
pipe et le cigare n'ont jamais eu de charmes.

La disparition de nos fumeurs n'est qu'une
infraction aux règles de la vieille galanterie
française, tandis que l'usage consacré dans la
vieille et joyeuse Angleterre (*old merry En-
gland*) peut avoir parfois de tristes consé-
quences, ainsi que le prouve le fait suivant,

qui s'était passé dans l'année même où je fis
mon premier voyage en Angleterre (1814). Je
le tiens non pas d'un témoin oculaire, mais
d'un homme parfaitement digne de foi et voisin
du château où la scène eut lieu ; elle est historique.

Les convives avaient bien dîné ; ils étaient
déjà échauffés ; les vins étaient bons et variés ;
les bouteilles circulaient, se vidaient rapidement. Un buveur, moins exercé ou moins ré-
sistant que les autres, commença à s'affaisser
sur lui-même, puis disparut insensiblement
sous la table ; un second ne tarda pas à l'y
suivre, et tous deux se mirent à ronfler d'une
façon qui redoubla la gaieté des vainqueurs.
Ceux-ci restèrent encore quelque temps atta-
blés. Lorsqu'ils se levèrent, tous avinés plus
ou moins, l'un des dormeurs se réveilla au
bruit, se remit comme il put sur ses jambes,
et ces messieurs, après avoir inutilement
secoué son compagnon, crurent faire une
excellente plaisanterie en le roulant dans le
moelleux tapis de la salle, jugeant qu'il y serait très-chaudement pour finir son somme et

cuver son vin; puis ils sortirent et l'oublièrent complétement. Par malheur, les domestiques, après avoir mené joyeuse vie à l'office, allèrent se coucher, remettant au lendemain matin la besogne de la salle à manger. Quelle ne fut pas leur surprise en voyant l'un des convives ainsi emmaillotté! Ils tentèrent vainement de le réveiller : le pauvre homme avait passé du sommeil de l'ivresse à celui de la mort !

Le duc, après le café, nous ouvrit ses trésors, dont les plus précieux sont réunis dans la bibliothèque où nous nous tenions. Ici il faudrait faire tout un catalogue pour énumérer seulement les objets rares, curieux, admirables chacun dans son genre, qui nous passèrent sous les yeux (c'est le mot propre) et que je n'ai fait qu'entrevoir, de façon à regretter de n'en pouvoir jouir tout à mon aise en les examinant à tête reposée. Pour cela il aurait fallu des journées entières, et beaucoup! Qu'il me suffise de dire, pour donner une idée approximative de la profusion des belles choses réunies dans cette pièce et dans tout le palais, que la collection du duc passe pour la plus riche, la

mieux choisie, qu'il y ait en Angleterre, en fait
d'objets d'art, de tableaux, de recueils de gra-
vures, manuscrits, pierres gravées, meubles, etc., etc.; les galeries d'Italie, celles de
Paris, de Dresde, de toutes les capitales de
l'Europe sont là, gravées par les meilleurs
maîtres, dans des éditions magnifiques, richement reliées, remplissant des séries de tiroirs.
Les rayons contiennent les livres les plus rares,
des incunables sans prix, uniques dans leur
genre; puis ce sont des manuscrits sur vélin
avec des miniatures égales à ce que l'on voit
de plus beau en Italie, à Pérouse; des ma-
nuscrits des XVIe, XVe, XIVe, XIIe, XIe siècles et
jusqu'au IXe inclusivement! Parmi les pre-
miers, nous avons tous remarqué un manuscrit
du Dante (l'*Enfer*, le *Purgatoire* et le *Para-
dis*) illustré par des dessins à la plume d'un
des grands maîtres de l'époque de la renaissance : les opinions varient sur le nom du
peintre.

Voici venir le duc, avec des pierres gravées
d'une beauté et d'un fini à admirer à la loupe,
de magnifiques camées, des nielles, des émaux

8.

de Petitot, de vieux bijoux curieusement tra-
vaillés dans le style de Benvenuto Cellini ; il
apporte aux dames des collections de costumes,
depuis ceux de la cour et des *masques* (bals
masqués) du temps du grand roi, jusqu'à ceux
des sauvages, dessinés d'après nature à Haïti
par Cook lui-même. Ce sont ensuite des
voyages illustrés; les somptueux volumes de
la France pittoresque, le grand ouvrage
d'Égypte, l'œuvre entière de Hogarth, gravée
par lui-même, admirable recueil qui témoigne
à la fois de la fécondité, de la flexibilité et de
la profondeur du génie de ce maître. J'y ai vu
entre autres un portrait de Garrick dans le
rôle de Richard III, que j'ai toujours devant
les yeux : c'est vivant !

Toutes ces richesses sont sous clef; et ce qui
est curieux, c'est que le duc, qui les aime et
qui les a *pratiquées* et maniées depuis sa jeu-
nesse, connaît le contenu de tous ces tiroirs,
de tous ces rayons; il sait y trouver, à coup
sûr, chaque objet, qu'il remet soigneusement
à sa place, et prend un plaisir visible à les
montrer, à les voir apprécier, même à des

gens qui, comme moi, ne sont pas spéciale-
ment compétents pour juger de leur mérite
relatif. Quant à lui, il n'a pas seulement le goût
dé ces choses, il en possède l'intelligence, et je
l'ai vu faire, à Paris, chez le baron P..., le
savant président de la Société des bibliophiles,
une longue séance que ces messieurs ont su
rendre intéressante, même pour moi, auditeur
profane.

On se sépara à onze heures, la soirée ne
m'avait pas semblé longue. Je voyageai de
concert avec M. St-J., qui, s'étant orienté en
marin habile, me pilota heureusement jusqu'au port, c'est-à-dire jusqu'à ma chambre :
nous habitions les mêmes parages.

J'avais laissé mes volets ouverts, ne voulant
rien perdre du peu de temps que j'avais à passer
à Hamilton. Dès qu'il fit grand jour, je me
jetai à bas du lit et courus à la fenètre pour
prendre une idée de la contrée dont je n'avais
rien pu voir la veille en arrivant. Je fus singulièrement étonné d'avoir devant moi une
avenue, ou pour mieux dire, un tapis du plus
frais gazon, long huit ou dix fois comme le

tapis vert de Versailles, large en proportion et bordé, de chaque côté, de deux lignes d'arbres magnifiques : c'était très-imposant, très-grandiose, mais pas du tout anglais! aussi mes notions, mes souvenirs en fait de parcs, de jardins anglais, en furent tout bouleversés. Cette avenue (par laquelle on ne *vient* pas et qui n'est qu'une échappée de vue) se répète dans les mêmes proportions de l'autre côté du palais d'Hamilton : c'est du Lenôtre tout pur, et, dans tous les cas, de l'inattendu! Malheureusement, ces vieux patriarches du règne végétal, soit en raison de la bonté du sol, ou de la manière dont ils sont espacés, affectent tous la forme sphérique; le tronc, qui est énorme, jette ses branches en grand nombre à peu de hauteur du sol, et ces maîtresses branches, qui se développent presque horizontalement avec une extrême vigueur, empêchent la tige principale de s'élever à des dimensions proportionnées.

Dès que je fus habillé, je courus faire une reconnaissance autour du palais et dans le parc. Je cherchai tout d'abord mon point de vue pour juger de l'effet architectural, et là je dois avouer que je fus désappointé. Le palais, construit entièrement dans le style moderne, manque d'élégance, parce qu'il manque d'élévation ; on sent que l'architecte s'est trop préoccupé des idées de solidité et de majesté, et n'a pas assez visé à l'harmonie et à l'élégance des proportions.

Je rôdai un quart d'heure dans le parc et vis avec plaisir qu'en m'éloignant un peu de l'habitation j'échappais à la ligne droite et à la tyrannie de la symétrie, pour rentrer dans les droits de la nature. Les *grounds* (terrains de plaisance qui entourent le palais) sont, il est vrai, presque complétement plats, mais la fraîcheur, le velouté des gazons, la vigoureuse végétation des arbres compensent en partie cet inconvénient. Dans cette promenade rapide, j'ai remarqué des pins d'Écosse merveilleusement beaux ; ils le sont devenus à force d'être vieux. Les troncs, le branchage, le port et les tons de couleur en sont on ne peut plus pittoresques : Calame et Coignet y auraient trouvé des motifs d'études admirables.

A dix heures on se réunit pour le déjeuner à la fourchette qui, ici, diffère peu de ce qu'est ce même repas chez nous. Je déjeunai en homme qui croyait en avoir pour jusqu'à sept heures et demie du soir, mais j'avais compté sans l'usage anglais du *luncheon*. Or, ce goûté, qui se sert entre deux et trois heures en manière d'intermède, est un véritable repas avec potage (*scotch-broth*), viandes chaudes et froides, légumes et plats sucrés! J'y pris place, mais en convive honoraire, tandis que ces messieurs faisaient, eux, un service actif.

Après cette séance, la duchesse proposa à madame S... et à moi d'aller aux écuries faire une visite aux poneys revenus d'Arran. Nous entrâmes dans un grand édifice quadrangulaire, avec une spacieuse cour intérieure et qui serait partout une très-belle habitation. D'un côté étaient les écuries proprement dites, de l'autre les remises, et vis-à-vis de la principale porte d'entrée le manége. Les selleries étaient disposées des deux côtés de la porte; je remarquai une petite pièce munie d'un fourneau, de chaudières et de divers vases

et ustensiles en métal : c'était la cuisine « de
nos seigneurs les chevaux. » Là, on leur
apprêtait leur potage à l'orge, leur thé de foin
et leurs *buvées* de son lorsqu'ils sont malades.
Les chevaux de selle et les poneys étaient dans
une écurie à part, et les carrossiers dans une
autre. Leurs appartements respectifs sont tenus
avec une propreté recherchée, mais néanmoins
on y sentait une odeur désagréable, et tout
autre que celle de nos écuries en France et en
Allemagne, laquelle ne m'a jamais semblé
déplaisante.

L'après-midi étant très-belle, nous en pro-
fitâmes pour aller, en calèche découverte, visiter
un point doublement célèbre comme site pittoresque et comme lieu historique : c'est le
château de Bothwell, qui n'est qu'à une demi-
heure d'Hamilton. Je n'ai rien vu de plus
beau, de plus romantique. Le site en lui-même,
la ruine, le chemin qui y mène, les antiques
murailles crénelées, les tours à machicoulis
pittoresquement dégradées et en partie recou-
vertes de lierre, de vieux arbres noueux et
moussus qui ont crû dans l'intérieur des murs

et pris racine jusque dans leurs crevasses ; le silence de ces lieux, aujourd'hui solitaires, qui n'est troublé que par le cri des corneilles et le murmure des eaux de la Clyde ; tout cela se sent, mais ne se peut décrire : il faudrait la plume de Walter Scott ou de Byron pour en donner l'idée.

Un sentier qui contourne les murs du château vous conduit, par une pente boisée, sur les bords de la Clyde, qui promène ses eaux de couleur ambrée au fond d'un creux ravin, dont les berges sont revêtues des plus beaux arbres : c'est sauvage, mystérieux, poétique au plus haut degré.

En remontant sur le plateau on revient à la prose, c'est-à-dire à l'habitation moderne qui n'est ni un château, ni une maison, ni un cottage. Elle n'a aucun caractère, et je ne lui sais d'autre mérite que d'être placée au plus beau point de vue de la propriété, si l'on en excepte toutefois l'emplacement du vieux château ; comme lui elle domine ce ravin si pittoresque.

Il faisait encore grand jour, le soleil allait

se coucher. La duchesse donna ordre de revenir au château par cette belle entrée dont j'ai parlé plus haut, laquelle est la plus rapprochée du pont de Bothwell. Cette entrée, le duc ne me l'avait pas trop vantée : elle est admirable, et l'heure en faisait ressortir encore mieux les beautés. Le chemin décrit de gracieuses courbes au milieu d'une forêt des plus beaux arbres, entre lesquels sont ménagées des échappées de vue sur les plans plus éloignés et sur le lit de la Clyde ; ici les terrains sont plus accidentés que dans le voisinage immédiat du palais ; les plans s'échelonnent et se composent mieux.

Au sortir de la forêt nous atteignîmes la région des pelouses, sur lesquelles s'élèvent des arbres isolés très-vieux, mais affectant trop généralement cette forme sphérique qui nuit à l'effet pittoresque. Les troncs de ces arbres sont entourés par des espèces de cages en fil de fer qui les protégent contre la dent des moutons. J'en remarquai un grand nombre dispersés sur ces pâturages pour eux beaucoup trop gras et trop humides, car beaucoup, malades

du piétin, paissaient à genoux; des clôtures,
également en fil de fer et invisibles à l'œil,
les empêchent de pénétrer sur les allées (*gra-*
vel walks) et les tiennent à distance conve-
nable.

Ce jour-là, c'était la fête de la duchesse.
Plusieurs invitations avaient été faites et ac-
ceptées, et nous nous trouvâmes une douzaine
de convives à table. De ce nombre était le
capitaine Hamilton, qui amena la musique de
son régiment pour jouer pendant le dîner. Cette
bande, composée d'Écossais et d'Irlandais,
aussi bien organisés pour la musique que leurs
voisins les Anglais le sont peu, s'était corroborée
nouvellement de quelques Allemands dont l'un,
musicien habile, dirigeait avec intelligence et
goût ses hommes, auxquels il avait fait faire
des progrès surprenants depuis quelques semaines qu'il avait été mis à leur tête. Cet artiste
d'outre-Rhin et ses deux ou trois compatriotes
furent tout heureux de s'entendre adresser,
dans leur langue, des compliments mérités sur
leur exécution, et la duchesse ne fut pas moins
charmée de cette occasion de payer, en alle-

mand, un juste tribut d'éloges à de pauvres
expatriés qui lui rappelaient le souvenir de son
pays natal.

Cette musique européenne, qui nous avait
donné, pendant le dîner, des morceaux allemands, italiens et français, ne fit point oublier
la musique nationale; celle ci eut son tour au
dessert. Le *piper highlander* fonctionna, j'ai
presque dit officia en grand *fiocchi*, avec un
redoublement de gravité solennelle, et m'inté-
ressa non moins qu'à l'île d'Arran. Le local
était plus vaste; on l'entendait venir de loin.
Le défilé, au travers de la salle et des gens de
service formant la haie, fut plus pompeux, et,
après sa sortie, on le suivait longtemps de l'o-
reille, les sons de sa cornemuse s'affaiblissant
par degrés pour se perdre dans l'éloignement.
Puis, à onze heures, les invités partirent; la
duchesse et Mme S... se retirèrent chez elles. Je
me mis à louer l'entrain, le *brio* avec lesquels
le *piper* nous avait joué ses *reels*. — Oh! il
les danse encore mieux qu'il ne les joue, me
dit le duc; c'est le meilleur danseur du pays,

et il a remporté plusieurs prix dans des concours : il en a les médailles. Ces concours sont
curieux et amusants ; le prix est décerné à celui
qui danse le mieux à la fois et le plus longtemps, et, sous ces deux rapports, mon *piper*
ne craint personne. Si vous voulez en juger,
nous allons descendre au bal des gens, qui doit
avoir commencé.

La salle à manger de l'office avait été trans-
formée en salle de bal, à l'aide de guirlandes
et d'un chiffre de la duchesse en verdure ; on
l'avait bien éclairée, et l'arène ouverte aux
danseurs était plus que suffisante. L'orchestre,
placé sur une estrade élevée à l'une des extrémités de ce parallélograme, n'était ni nombreux, ni remarquable au point de vue musical ; mais, à celui de la danse, il avait bien son
mérite : les instruments récitants avaient des
sons aigres et perçants qui réveillaient les plus
engourdis ; le rhythme vif et fortement marqué des *reels* et autres danses du pays, le
brio, l'entrain avec lequel les exécutaient ces
modestes virtuoses du crû, en rendaient l'effet

irrésistible sur des jambes bien organisées et sur des gens quelque peu disposés à les mettre en mouvement.

Dès que nous entrâmes, les danses cessèrent avec la musique; danseurs et musiciens se levèrent respectueusement à la vue du noble *landlord* et de ses hôtes. Le duc, après avoir loué l'arrangement de la salle, les engagea avec bonté à continuer. Son *piper* était le seul de la maison qui portât le pittoresque costume des Highlands; il se distinguait par cette circonstance qui faisait paraître sa danse doublement nationale. Mais il n'en était pas ainsi de celle du vieil Antonio, le valet de chambre italien du duc, qui, amateur passionné du *reel*, martyrisait ses jambes sexagénaires pour imiter de loin « *haud passibus æquis* » la danse vraiment remarquable du Highlander. Cette danse ne peut se comparer à aucune de celles que j'ai vues partout ailleurs, en France, en Allemagne et en Italie. Il ne faut rien y chercher d'artistique, de gracieux, de chorégraphique; mais tout ce que l'agilité, l'adresse des pieds, la souplesse, l'élasticité des jarrets peut accom-

9.

plir de prouesses s'y trouve réuni : c'est véritablement prodigieux de *volubilité*, de précision et de mesure ! Mais il n'y a point de place ici pour la grâce des poses, pour les beaux développements plastiques.

Le duc, qui a été un des fameux danseurs du pays et des plus infatigables, et qui mettait sur le flanc les rivaux assez téméraires pour oser jouter avec lui, voulut aussi entrer en danse. Lui et un capitaine, qui avait dîné au château, prirent deux demoiselles de l'office ou de la lingerie, et dansèrent aussi gaîment qu'aucun de leurs partenaires. Le duc a perdu l'habitude de cette danse, qu'on pourrait appeler un exercice violent, un exercice de gymnastique, mais il est aisé de voir encore qu'il a dû y exceller. Ce que j'admirai le plus, c'est cette simplicité de bon goût dont il faisait preuve en prenant part aux divertissements de ses gens. Au reste, nous n'avons pas vu le bal à son moment le plus brillant, qui a été vers les trois heures du matin, après le souper. Antonio a dit que ça avait été *l'heure de la haute ma-rée*, et que la gaieté, l'entrain, la folie dan—

sante, ne pouvaient se décrire ; il n'y avait plus de spectateurs, les *tapisseries* s'en mêlaient, les musiciens dansaient sur leur estrade !

Le lendemain était un dimanche. A dix heures, j'accompagnai la duchesse et Mme S... à la messe, qui fut chantée dans une jolie petite chapelle gothique, bâtie par souscriptions, et qui touche aux murs du parc. L'église était pleine de fidèles, quoiqu'il y eût eu déjà une messe à neuf heures, et leur tenue était excellente. Le célébrant monta en chaire après l'évangile ; il parla pendant trois quarts d'heure simplement, fortement et de manière à captiver l'attention de son auditoire. C'est un jeune prêtre irlandais faisant à Hamilton l'office de curé, mais seulement en qualité et avec le titre de vicaire apostolique ; il relève de monseigneur l'évêque de Glascow.

Après la messe, il nous fit les honneurs de son presbytère ; il est très-petit, mais rien n'y manque de ce qui est nécessaire, et toutes choses y sont en ordre. Ce saint prêtre, dont la duchesse m'a fait le plus complet éloge, a une

classe pour les enfants de ses paroissiens, les
instruit parfaitement ; il est rempli de zèle et se
donnant tout à tous. J'ai oublié de dire qu'à
l'issue de la messe il a été fait une quête, dont
le produit est affecté aux besoins du culte et
aux pauvres. C'est à l'aide de ces quêtes et des
souscriptions particulières que ces chapelles
catholiques s'élèvent et se soutiennent en
Écosse, comme en Angleterre.

Après le luncheon, ce second déjeuner à la
fourchette, ou ce premier dîner de deux heures,
comme on voudra l'appeler, nous sortîmes en
voiture découverte par une belle après-midi
(en plein soleil ; notez bien l'époque, à la mi-
octobre !) pour aller, comme qui dirait en
France, à *Châtellerault*, propriété du duc
située à une lieue d'Hamilton, et qui localise le
siége du duché de ce nom existant dans la famille depuis Charles VII. Le vrai Châtellerault
est dans la Touraine, d'où Archibald Hamilton
chassa l'*Anglais* (en 1421) et, assisté de ses
dix mille Écossais, aida le roi de France à devenir et à rester maître chez lui. C'est pour ce
service signalé que le vainqueur de Baugé fut

nommé lieutenant général du royaume et duc de Châtellerault.

Les deux pavillons réunis par un mur, qui portent ce nom, ne sont pas habitables et n'ont aucun caractère. Mais ils sont admirablement situés sur la crête du ravin de la Clyde et dominent tout le pays. On se dit : quel dommage que l'habitation d'Hamilton n'ait pas été bâtie ici plutôt que dans ce fond humide et sans vue, où elle est comme enterrée ! L'on assure qu'une des raisons qui ont déterminé le dernier duc à faire choix de l'emplacement actuel, c'est que c'était celui de l'ancien château de famille, qui, ayant été honoré de la présence de la reine Marie Stuart, avait dès lors le droit de porter la dénomination de palais. Ici l'on n'aurait pu avoir, quelque luxe de construction qu'on y développât, qu'un château de Hamilton.

Ces pavillons de Châtellerault sont au centre d'une vaste propriété qui réunit tout ce qu'il est possible de désirer dans un manoir seigneurial, dans une habitation de plaisance : les points de vue y sont nombreux, variés et remarquablement pittoresques ; la végétation y est admirable, et le cours encaissé et sinueux de la Clyde, ce ravin profond dont les pentes sont si richement boisées, donnent, à ce beau site, un intérêt exceptionnel. Châtellerault est un charmant but de promenade ; on voudrait que ce fût quelque chose de plus ! Il y avait là de quoi créer des merveilles avec le goût qu'avait le feu duc, et les ressources de tous genres dont il pouvait disposer.

Indépendamment de ces avantages, Châtellerault possède encore deux des curiosités les plus spéciales du pays et les plus rares. Je veux parler de ce vénérable et antique débris de la grande forêt calédonienne qui, à l'époque des Romains, couvrait presque toute l'Écosse, et de ce troupeau de bœufs sauvages, le seul, avec celui de lord Tancarville, que l'on connaisse en Europe. Disons d'abord un mot de la forêt, ou, pour parler plus exactement, des arbres clair-semés qui ont survécu et en sont les derniers vestiges.

Ces arbres occupent un plateau assez étendu, et recouvert de pâturages, sur lesquels paissent en liberté les cinquante ou soixante têtes qui com-

posent le troupeau du *wild-cattle* (bétail sauvage). Les chênes en question sont regardés généralement comme les plus vieux que l'on connaisse dans le Royaume-Uni. Ils tombent pour
ainsi dire, en ruines et offrent l'image du dernier
degré de la décrépitude dans le règne végétal.
Beaucoup d'entre eux n'ont presque plus forme
d'arbres, et quelques-uns, vus de loin, me
rappelaient la silhouette et les proportions de
la *meta sudans*, de cette borne romaine près
du Colisée. Plusieurs de ces vénérables patriarches de la forêt primitive ne vivent plus
que par deux ou trois petites branches d'un
maigre feuillé, sortant, comme par un dernier
effort de la sève, de ces vieux troncs noircis,
rabougris par l'âge et rendus difformes par
d'énormes loupes. D'autres en assez grand
nombre, sont tout à fait morts ; dépouillés de
leur écorce, blanchis par les intempéries des
saisons, ils s'élèvent semblables à de pâles
fantômes. Ceux qui sont en groupes se défen-
dent mieux contre la violence des vents, et
conservent leurs formes ; mais en général
rien n'est moins beau que ces arbres dix ou

douze fois séculaires; je n'exagère pas! Les savants, tant naturalistes qu'historiens et antiquaires, s'accordent à donner cet âge prodigieux à ces derniers débris de l'antique forêt calédonienne. Pour moi, je n'ai rien vu d'aussi ancien, si ce n'est le bois de La Haye, auquel on attribue une antiquité égale, et dont l'aspect, je dois le dire, est infiniment plus pittoresque et rappelant mieux le souvenir des forêts vierges du nouveau monde.

Mais passons au clan, non moins curieux, non moins respectable, qui habite cet échantillon de forêt primitive : je veux dire au *wild-cattle*. Ce troupeau n'est pas sauvage au point de ne pouvoir être approché et observé à l'aise par les nombreux touristes dont il reçoit la visite; nous en avons fait deux fois le tour en voiture, à peu de distance, et j'ai pu l'examiner tout à loisir : il se compose, ainsi que je l'ai dit, de cinquante ou soixante individus de tout âge. Ces animaux sont de taille ordinaire, tous blancs, à l'exception du mufle et des oreilles qui sont complétement noirs; ces trois points noirs que l'animal vous présente constamment

de face, en se tournant pour suivre vos mouvements d'un œil méfiant et curieux, donnent un
aspect original à sa physionomie. Le troupeau
a trois taureaux; l'un, âgé de onze ans, est
un superbe animal, à la tête puissante, au poil
frisé, au cou nerveux et large comme celui
d'un zouave ou de l'Hercule Farnèse. Le garrot
et tout l'avant-main fortement musclés dénotent une force prodigieuse. Ce taureau, qui
règne en maître absolu sur tout le troupeau,
surveille d'un œil jaloux ses deux héritiers
présomptifs, qu'il réduit à l'inaction la plus
complète, comme cela se pratique habituellement dans les familles régnantes. Son fils et
son successeur immédiat, plus que majeur,
qui a déjà atteint l'âge de huit ou neuf ans,
s'en tient toujours à distance respectueuse, se
renfermant dans son rôle expectant, et agissant
de même, à son tour, à l'égard du prince puîné,
jouvenceau de la plus grande espérance, qu'il
maintient dans une sujétion absolue.

Ce futur héritier annonce devoir surpasser
son père et son frère par sa taille et sa force;
mais hélas! s'il se retourne, on est tristement

frappé en découvrant la trace ineffaçable de la mutilation la plus humiliante et la plus ridicule à la fois : le prince puîné n'a plus de queue, ou, pour parler plus exactement, il ne lui en reste qu'un tronçon assez semblable à celui de l'hippopotame. Voici comment l'histoire raconte ce lamentable accident.

Le concierge, homme de confiance de Châtellerault, ancien garde fort aimé du duc, inspectait un jour le troupeau confié à ses soins ; il était à cheval et montait un bel animal (Rob-Roy), auquel le duc avait généreusement donné les invalides. Cet homme ne s'était pas aperçu qu'un des chiens favoris, dont Châtellerault est le lieu de retraite, l'avait suivi subrepticement. Ce chien était un bull-dog de la plus belle, de la plus forte espèce. A la vue du troupeau, ses instincts batailleurs et sanguinaires se réveillèrent, et il fit une charge à fond sur l'ennemi, en aboyant avec fureur. Les mères, les génisses et les jeunes veaux s'enfuirent en désordre, mais les taureaux firent tête et essayèrent de repousser l'agresseur, que la résistance ne fit qu'irriter davantage. Le

plus jeune eut un moment superbe : il s'é-
lança, la tête basse, sur le chien qui battit en
retraite jusque près de son maître, contre lequel le taureau tourna toute sa rage ; il culbuta
homme et cheval qui roulèrent l'un sur l'autre,
et rallia les siens toujours poursuivi par le
chien, qui lui saisit la queue à belles dents pour
ne plus la lâcher ; il se laissa traîner de la
sorte tout au travers des pâturages, donnant de
temps à autre des secousses désespérées, si
bien que l'objet en litige céda et lui resta dans
la gueule. Il rapporta, à son maître terrassé,
le trophée sanglant d'une victoire chèrement
acquise.

Je me hâte d'ajouter que le gardien et son
noble coursier en furent quittes pour cette cul-
bute qui n'eut pas de suites fâcheuses. Cela
étant, mes sympathies, je l'avoue, sont pour le
taureau qui, attaqué traîtreusement par derrière, après une lutte honorable, s'est vu infli-
ger, par la dent de son féroce et astucieux ennemi, un stigmate flétrissant et ineffaçable,
dont sa dignité, comme chef de clan, aura
beaucoup à souffrir.

En revenant, le duc me fit admirer, sur la pente du ravin de la Clyde, le chêne le plus prodigieux que j'aie jamais vu : les racines, le tronc, le développement des maîtresses branches, l'immense coupole de verdure de cet arbre colossal, dépassent tout ce qu'on peut voir en ce genre.

Comme nous traversions le pont de la Clyde, je remarquai un petit chemin de fer, sur lequel marchait un train de wagons chargés de charbon de terre ; il dessert des mines très-riches, que possède le duc non loin de là, et les met en rapport avec la grande artère qui conduit à Glascow et se ramifie dans toute l'Écosse. La duchesse me proposa une course dans ces mines pour l'un des jours suivants ; mais j'ai peu de goût pour ces explorations souterraines à la manière des taupes, et je déclinai sa proposition, en lui disant que j'avais trop peu de jours à passer sur la terre pour avoir la moindre envie de m'enfoncer dessous, et de m'abîmer dans ces sombres profondeurs.

Le duc en tire des trésors par les mains d'une population de mineurs qu'il fait vivre.

L'extraction du charbon de ses nombreuses houillères forme l'une des principales sources de ses grands revenus (ils s'élèvent, dit-on, à cent mille livres sterling ou deux millions et demi). Ces houillères s'afferment à des compagnies ou à des chefs d'usines, et les baux se font d'année en année à des taux plus élevés. Dans certaines propriétés du duc, les entrailles du sol lui rapportent bien plus que la superficie.

De retour au palais, nous y trouvâmes de nouveaux hôtes, un gentilhomme écossais, M. C..., parent du célèbre amiral de ce nom, et sa femme. Pendant le dîner, ils nous intéressèrent beaucoup en nous faisant part de leurs impressions de voyage. Ils étaient tout fraîchement débarqués d'une tournée en Espagne, qu'ils avaient faite au grand complet, comme de vrais touristes : en poste, en diligence, à dos de mulet et même à pied, quand la nécessité les y avait forcés ; les épisodes de tous genres ne leur avaient pas manqué, depuis le tragique des accidents et des arrestations sur la grande route, jusqu'au piquant des

scènes d'auberge et au bouffon des aventures
les plus excentriques. M. C..., homme d'un
esprit vif, original, et s'exprimant avec facilité,
même en français, mettait dans ses récits une
verve et une *vis comica* qui les rendaient
singulièrement amusants.

Après que les dames se furent retirées, il
nous raconta sur Madrid des anecdotes intimes
du genre le plus extraordinaire et confinant
au fabuleux ; il y a là certains traits de mœurs
et de caractère qui véritablement ne sont plus
de notre époque ni de notre hémisphère ; il
faut aller aux Indes pour en trouver les ana-
logues.

Ayant fait plus ample connaissance avec le
palais d'Hamilton, que j'ai parcouru dans tous
les sens, je suis en mesure d'y promener ceux
de mes lecteurs, pour lesquels ce monde est un
monde inconnu. Passant sous silence les festons et les astragales qui, au temps de Nicolas
Boileau, faisaient le fond des descriptions de ce
genre, je me bornerai à signaler ce qui m'y a
particulièrement frappé.

En toute première ligne, je dois placer la

grande galerie, la galerie royale, au fond de laquelle est le fauteuil surmonté du dais, où ne peuvent prendre place que les têtes couronnées ou destinées à l'être, cette galerie faisait partie de l'ancien château. Existait-elle lorsque la reine Marie Stuart le visita? Je l'ignore; mais, en tout cas, elle n'existait pas dans son état actuel. Le feu duc l'a restaurée, embellie et mise à la hauteur de sa destination de principale pièce d'apparat : c'est comme une espèce de salle du trône ducal.

Cette belle galerie, décorée richement et avec goût, se distingue par une sévérité de style qui est le cachet de tout ce que le feu duc a créé. Elle a quarante ou cinquante pas en longueur avec une largeur et une élévation proportionnées, et est éclairée par six ou sept grandes fenêtres s'ouvrant sur la belle partie du parc. Ces fenêtres sont séparées par des consoles de marbres rares, que soutiennent des aigles en bois doré d'un travail soigné. Le plafond est en caissons élégamment sculptés et le parquet recouvert d'un riche et moelleux tapis.

Deux cheminées monumentales en marbre noir, admirablement bien travaillé, s'élèvent sur le côté plein faisant face aux fenêtres; deux magnifiques tables en pierre dure de Florence; deux grands vases dans le goût antique, en acajou, sculptés avec un fini parfait; deux paravents immenses en vieux laque; plus un meuble complet, acajou plein, maroquin foncé, occupent, sans l'encombrer, cette spacieuse galerie. Elle est enrichie en outre de tableaux de prix, en tête desquels on remarque une toile de Rubens d'une incomparable beauté, le seul des tableaux de ce célèbre maître qui soit, à mon sens, exempt des défauts qu'on est trop souvent en droit de lui reprocher, savoir : l'exagération dans la forme, dans la couleur et dans l'expression.

J'ai hâte de sortir de ce rôle d'emprunt de tapissier-décorateur, pour parler à mon aise de l'impression ineffaçable qu'a produite sur moi l'examen attentif de ce chef-d'œuvre, qui représente Daniel dans la fosse aux lions; il vient d'y être descendu dépouillé de ses vêtements : ce corps et ces membres d'adolescent sont traités avec une rare perfection; rien de contourné ni de forcé; les lignes sont belles, simplement agencées, et le coloris est chaud et vrai; l'héroïque enfant est assis, les mains jointes à la hauteur du visage et les yeux levés au ciel avec une indicible expression de foi et de confiance; ses traits, tout son être, je veux dire tout l'homme inférieur, dénotent au plus haut degré la terreur et l'angoisse; mais les yeux expriment l'espérance, que dis-je, la certitude que sa prière est exaucée, et que la protection du Tout-Puissant s'étend sur lui et le rend désormais inviolable. La chair, l'homme physique, tremble de tous ses membres; mais l'âme, qui se repose sur Dieu, est pleine de calme et de sérénité. Daniel a prié sans hésitation « *nihil hœsitans* », comme dit l'apôtre, et « *il lui a eté fait selon qu'il a cru.* » Ce contraste entre les effets de l'ordre naturel et de l'ordre surnaturel est saisissant, et je ne me rappelle pas l'avoir jamais vu nulle part ailleurs plus fortement, plus heureusement rendu.

C'était la partie principale et la plus difficile

du sujet. La partie accessoire n'en est pas traitée avec moins de génie et de science, je veux
parler des lions. Ils sont là une douzaine, de
tout sexe et de tout âge, groupés autour de la
proie qui leur a été jetée, mais à laquelle une
force supérieure leur interdit de toucher, quelque envie qu'ils en auraient. On voit qu'ils
subissent en frémissant cette contrainte insolite imposée à leur appétit et à leurs instincts
sanguinaires, dont un crâne et quelques osse-
ments à moitié rongés témoignent éloquem-
ment. Chacun d'eux exprime à sa manière son
désappointement, et les airs de tête, le jeu de
physionomie de ces bêtes féroces forcées de
s'abstenir, sont tout ce qu'il y a de plus curieusement varié. Il me semble voir encore, sur le
premier plan, un vieux lion bâillant avec une
énergie désespérée, et étalant aux yeux le plus
redoutable des râteliers, tandis qu'une magnifique lionne, dont le raccourci admirable m'a
rappelé celui de la fameuse leçon d'anatomie
de Rembrandt, jette, sur le jeune Israélite un
œil de convoitise qui ferait trembler pour lui,
si la confiance qui brille dans son regard in-

spiré ne vous rassurait pleinement. Parmi les
autres lions, quelques-uns sont couchés ou
assis, d'autres accroupis, l'œil fixe, comme
prêts à s'élancer sur leur proie, mais retenus
par une puissance invisible. La variété, le naturel des poses, la fermeté du dessin, la vigueur,
la vérité du coloris, le fini habile avec lequel
sont traités les détails des crinières, du pelage
de ces superbes animaux, ne laissent rien à
désirer, ce me semble, aux connaisseurs les
plus exigeants, tandis que la conception, la
pensée du tableau est rendue avec une force,
une élévation, un bonheur, qui raviraient un
poëte et édifieraient un saint.

Ce tableau capital, la perle de la collection
du duc, est à la place d'honneur et parfaitement bien éclairé. Vers le bout de la galerie,
j'en ai remarqué un second du même maître,
qui est d'un tout autre genre et d'un intérêt
tout différent. C'est un excellent portrait en
pied d'un lord écossais, dont j'ai oublié le
nom ; il est représenté en costume et en acte
de chasseur. Cette figure, pleine d'animation
et de vie, respire et sort de la toile !

De la grande galerie on passe dans une
pièce carrée d'un caractère tout à fait grandiose, appelée la tribune ; elle occupe toute la
hauteur de l'édifice, à partir du premier étage,
où sont, comme j'ai dit, les appartements de
réception, et reçoit le jour d'en haut. A la
hauteur du second étage, règne, sur ses
quatre faces, un balcon intérieur supporté par
une corniche en bois richement sculptée. Ce
balcon dessert les chambres à coucher. La
salle en question est très-belle, mais n'a pas de
destination spéciale ; c'est sur elle que s'ouvrent
la galerie royale, la salle à manger de gala,
la bibliothèque où nous faisions salon, et une
pièce contiguë, où nous dînions quand nous
étions en petit comité. La tribune serait comme
la salle des gardes dans les anciens manoirs
des grands feudataires.

Nous sommes allés voir l'escalier d'honneur
qui, ainsi que le péristyle avec son perron et
sa porte monumentale, ne servent que dans
les grandes occasions, et seulement pour in-
troduire les têtes couronnées ou princières. Cet
escalier, d'une magnificence extraordinaire,

n'a qu'un étage; il est tout en marbre noir admirablement bien travaillé, et a coûté, y compris la cage qui a de la grandeur, la somme énorme de 10,000 livres sterling. Outre cet escalier, il y en a encore deux autres fort beaux, et destinés au service ordinaire, dont l'un est orné d'une admirable fresque de l'ancienne école italienne; de plus, un petit escalier à vis à l'usage du duc, de la duchesse, de leurs enfants et de ceux de leurs hôtes qui sont leurs proches voisins.

Dans le parc, du milieu d'un massif de grands arbres, à quelques centaines de pas seulement du palais, s'élève un singulier édifice nommé *le monument*, qui mérite d'être vu et décrit en détail. C'est la reproduction du célèbre tombeau de Cecilia Metella, près de Rome, et sa destination est du même genre. Il renferme le caveau de famille des Hamilton, et a été construit sur l'emplacement d'une ancienne chapelle sépulcrale. On voit, d'après cela, que le feu duc, qui en a conçu le plan et dirigé la construction, ne partageait pas cette étrange faiblesse de Louis XIV, qui abandonna

la résidence de Saint-Germain pour ne pas
avoir constamment en perspective Saint-Denis,
sa dernière demeure. De la moitié des fenêtres
du palais d'Hamilton, les nobles propriétaires
ont la vue inévitable du monument. On dirait
que le duc, en l'élevant, ait voulu avoir sans
cesse présents à la pensée ces beaux vers du
poëte, sur la briéveté et la fragilité de la vie :

> « Linquenda tellus et domus, et placens
> « Uxor; neque harum quæ colit arborum
> « Te, præter invitas cupressus,
> « Ulla brevem dominum sequentur [1]. »
>
> HORACE, Ode 14, liv. II.

Il a travaillé jusqu'au dernier jour de sa
vie à la réalisation de cette pensée philoso-
phique, et l'a laissée inachevée ! Cependant
la place qu'il s'y était réservée était prête, et
ses restes y reposent dans un beau sarcophage
égyptien, qu'il avait acheté dans ce but. Après
en avoir délogé le premier occupant, le duc
fit venir, dit-on, un fabricant de cercueils,
et lui ordonna de prendre intérieurement ses

---

1. « Il te faudra quitter tes domaines, ton épouse char-
« mante, et de ces arbres que tu cultives, un seul, le triste
« cyprès, suivra son maître dont la vie est si courte. »

mesures exactes; pour cela il fallait entrer, et
pour ainsi dire se coucher dans le sarcophage;
cet homme, retenu par une terreur supersti-
tieuse, s'y refusa, et le duc, avec un sang-
froid et un calme qui rappellent celui de
Charles-Quint en pareille occurrence, y monta
à sa place pour y faire sa besogne.

La base carrée de la tour est, à proprement
parler, le caveau de famille; c'est là que sont
déposées les cendres des générations précé-
dentes. On y pénètre par une porte principale, flanquée de deux fausses portes pour la
symétrie; au-dessus de ces ouvertures cein-
trées, à la clef de voûte, sont placées trois
figures allégoriques finement sculptées dans la
pierre; ce sont trois têtes d'hommes sym-
bolisant, la première la vie, la seconde la
mort, et la troisième l'immortalité. La vie
est représentée par un beau jeune homme
couronné de roses, à l'air souriant, à la
physionomie animée. La mort, c'est cette tête
de vieillard amaigri, à longue barbe, qui a
pour couronne des cyprès entremêlés de pavots
et qui pose un doigt décharné sur ses lèvres,

que le trépas va réduire à un éternel silence; mais comme ce doigt ne se rattache pas ostensiblement à une main, et qu'il n'y a nulle part place pour un bras quelconque, il en résulte que le doigt susdit, ne tenant à rien, ne ressemble pas mal à un cigare qu'un fumeur fatigué laisserait tomber négligemment de sa bouche entr'ouverte. La troisième figure, celle de l'immortalité, est la plus belle; c'est une tête d'homme, d'un aspect mâle et fort, empreinte d'une sorte d'exaltation, et qui semble, comme dit Chateaubriand « aspirer à quelque chose au delà de la tombe. » Elle est ceinte de la couronne de laurier, gage de la victoire. Je dois observer néanmoins que ce genre allégorique paraît bien froid, bien passé de mode, et que toute cette philosophie antique n'est guère à sa place de nos jours sur l'entrée d'un caveau sépulcral ; cela avait cours à l'époque du feu duc, et voilà son excuse.

Le monument, abstraction faite de sa destination, est toutefois une belle chose; s'il fait un *triste* effet, vu des fenêtres du palais, il n'en est pas ainsi lorsqu'on l'aperçoit de loin.

Sa masse, son élévation, ses belles proportions, s'élevant du sein de ces massifs de verdure et au-dessus de ces grands arbres, font fort bien dans le paysage; de Chatellerault l'effet en est très-pittoresque.

Mû par un sentiment de respect pour les morts et d'humanité pour les vivants, le feu duc a fait construire, à une petite distance de l'édifice, un hypocauste ou calorifère, pour y entretenir une température toujours égale. L'extrême humidité du sol aurait hâté la décomposition des corps, et les nombreux touristes qui visitent le monument eussent pu être victimes de ce froid glacial : le calorifère est destiné à parer à ces deux inconvénients.

ÉDIMBOURG

Madame la duchesse de Kent, revenant de chez la reine, qui habite en automne le nord de l'Écosse, avait donné rendez-vous à Édimbourg à la duchesse d'Hamilton, qui nous proposa, à madame S... et à moi, de l'accompagner dans cette course. Cela me donnait quelques heures à passer dans la capitale du pays, et j'acceptai avec empressement la proposition. Madame S...., connaissant déjà Édimbourg, m'offrit obligeamment de m'y servir de cicerone; nous devions y trouver le duc qui, en sa qualité de gardien héréditaire d'Holyrood, devait nous faire les honneurs du château.

Nous partîmes par une belle matinée ; le soleil, qui m'avait singulièrement favorisé pour toutes mes excursions, était à son poste pour jeter son prestige sur ce que j'allais voir, et d'avance il égayait notre rapide voyage. Le trajet, de la station d'Hamilton à Édimbourg, se fait par le chemin de fer en un peu moins d'une heure. Nous nous arrêtâmes dix minutes à une station d'embranchement pour prendre un autre convoi, et notre attention, surtout la mienne, se porta sur deux magnifiques lévriers de la plus haute taille, tenus en laisse par deux domestiques en livrée ; c'étaient des lévriers de course, et, comme les chevaux de sang leurs nobles confrères, ils étaient vêtus de paletots bien chauds, joignant sous le ventre au moyen de sangles, et ne laissant voir que les jambes fines et nerveuses de l'animal, avec son museau effilé et ses yeux brillants. On sait que ce genre de *sport* est presque aussi à la mode en Angleterre que les courses de chevaux. Le duc actuel en a eu la passion, et a entretenu jusqu'à

soixante de ces lévriers, qui lui ont fait gagner.... ou perdre beaucoup d'argent. Ces
courses sont curieuses et amusantes, m'a-t-on
dit; le pauvre lièvre qui en est à la fois le but
et la victime, ne tarde guère à devenir la
proie du vainqueur, qui souvent le fait sauter
en l'air avec son museau pointu, pour le hap-
per à belles dents avant qu'il n'ait touché
terre.

Édimbourg se présente de la manière la plus
favorable au voyageur arrivant par le chemin
de fer. Il voit s'élever majestueusement en face
de lui l'antique château fort bâti sur un rocher à pic, masse granitique d'un aspect émi-
nemment pittoresque, puis il pénètre dans la
nouvelle ville dont les constructions relativement récentes (elles remontent à un siècle à
peu près) ont un caractère élégant et souvent
grandiose. Ce quartier habité par la noblesse,
renferme de nombreux hôtels dont quelques-
uns mériteraient le titre de palais.

Le sentiment des beautés architecturales est
beaucoup plus répandu à Édimbourg qu'à
Londres, et si tous les monuments dont la

ville est embellie ne sont pas d'un goût irréprochable, je puis dire que je n'en ai pas remarqué un seul d'un effet ridicule. Le sens
artistique est décidément plus général chez les
Écossais que chez leurs voisins, et leur capitale
s'en ressent. C'est certainement la plus belle
ville que j'aie vue quant à l'ensemble ; il faut
dire qu'ici la nature a merveilleusement se-
condé les efforts de l'homme : le site d'Édimbourg est un des plus pittoresques qu'il m'ait
été donné de voir dans le cours de mes voyages.
Arthurs-Seat, Carlton-Hill, le rocher imposant sur lequel s'élève le vieux château, les
plis de terrain qui séparent ces masses grani-
tiques sont du plus bel effet, et j'avais le soleil,
condition indispensable pour jouir complétement de ce genre de beautés !

Après avoir conduit et installé la duchesse
à l'hôtel, où l'attendaient madame la duchesse
de Kent, nous commençâmes nos pérégrina-
tions à travers la ville, dont je ne pouvais
faire qu'un examen rapide et sommaire. Il me
fallait tout voir à la hâte et en gros, tandis que,
pour une ville aussi curieuse, le touriste le

plus intelligent et le plus actif aurait besoin de plusieurs jours.

Dans mes explorations, je débute toujours par les points culminants, pour avoir une vue, une idée générale et d'ensemble, et de là pouvoir m'orienter et descendre aux détails. Je dis au cocher du cab de nous conduire au pied de la montée du vieux château, gardé par quelques soldats et ouvert à tous venants. Mon aimable cicerone marchait bien et volontiers ; nous gravîmes lestement les zigzags rapides, et nous arrivâmes sur les remparts armés de canons qui ont joué un rôle dans l'histoire de la ville, mais sont devenus complétement inoffensifs. Parmi ces engins de mort, nous remarquâmes une très-vieille pièce d'un travail curieux, et qui a un nom et une origine historiques dont je n'ai pas eu le temps de prendre note. Ce qui m'intéressait davantage c'était la ville et ses environs qui s'étendaient sous nos yeux éclairés d'un brillant soleil. J'ai rarement joui d'une vue aussi intéressante, aussi grandiose ; la mer, qu'on apercevait à distance, y ajoutait sa poésie, et avec le ciel pittoresquement nuageux, la ville nouvelle et la vieille ville se faisant contraste, les monuments de Carlton-Hill, la contrée adjacente et les lignes d'horizon favorablement éclairées, complétait un ensemble qui m'a frappé comme ce que j'ai vu de plus beau et de plus caractéristique : c'est un tableau qui ne s'oublie pas.

On nous proposa de visiter la chambre habitée par Marie Stuart; le temps nous manquait et nous nous réservions pour Holyrood, d'un intérêt plus palpitant. Nous dîmes donc à notre homme de nous mener par la rue principale de la vieille ville « *The heart of Mid-Lothian* », dont Walter Scott nous a laissé une si admirable description dans sa *Prison d'Édimbourg*. Là, les temps d'autrefois « the « days of yore » vous apparaissent encore vivants, avec leur rude caractère et toute leur couleur locale. Cette moitié d'Édimbourg est sombre, sale, enfumée, d'un aspect à la fois original et lugubre : de vieilles maisons décrépites, étroites, poussant en hauteur (il y en a de dix et onze étages !), une population en haillons, affairée, bruyante et vous rappelant celle que Walter Scott met en scène dans son drame de *Cannongate*. Entre toutes ces vieilles baraques lézardées et presque croulantes, vous distinguez une petite maison gothique d'un goût et d'un fini exquis, d'une parfaite conservation ; on vous apprend que c'est la maison de Knox, le réformateur de l'Écosse, l'apôtre fougueux du puritanisme. Elle a été laissée telle qu'on l'a trouvée, et reçoit la visite de plus de curieux que de pèlerins, nous n'en avons pas grossi le nombre.

Il nous tardait en effet de sortir de ces rues sans air et sans soleil, pour faire, faute de mieux, le tour d'Arthur's-Seat (le trône d'Arthur), magnifique colline, au profil anguleux, à la silhouette pittoresque, qui est un but de promenade. Il nous aurait fallu deux heures pour gravir le sommet ; nous dûmes nous contenter de tourner autour. Cette colline, que dans bien des pays on honorerait du nom de montagne, s'élève isolément en dehors et à proximité de la ville. Un chemin sablé, avec bas-côtés pour les promeneurs à pied, règne tout autour de sa base. Cette promenade n'est point plantée, et sur les croupes gazonnées, comme sur les pentes les moins abruptes de la montagne, l'œil n'aperçoit ni un arbre ni un buisson ; mais les lignes en sont si belles, les gazons si frais, que l'on passe volontiers là-dessus. L'aspect sévère et presque sauvage de ce site, si rapproché d'une ville populeuse, a quelque chose d'insolite, de frappant, qui impressionne fortement l'étranger.

En revenant nous repassâmes au pied de plusieurs monuments. Je m'étais bien gardé d'acheter un « *Guide du voyageur* », qui ne m'aurait infailliblement conduit.... qu'au désespoir. Je demandai donc à madame S... quel était ce monument qui s'élevait devant nous. — C'est celui de Nelson, répondit-elle avec aplomb. Un peu plus loin, même question de ma part, à laquelle on fait une réponse un peu moins affirmative. — Attendez ! je crois... il me semble que c'est celui de Nelson. Au troisième je n'interroge plus et je m'écrie : Voilà sans doute encore le monument de Nelson ! Et ainsi de suite pour tous ceux que nous rencontrâmes, mon aimable compagne prenant très-bien cette mauvaise plaisanterie.

Édimbourg peut s'enorgueillir du titre de la ville aux monuments ; elle en possède un grand nombre, dont la plupart sont groupés sur la colline de Carlton. Celui de tous qui fixe le plus l'attention et fait l'effet le plus imposant, est sans contredit le monument national, resté malheureusement inachevé. Il avait été entrepris par souscription, et, soit que les fonds obtenus n'aient pas été habilement ménagés, soit que la source s'en soit tarie par le découragement des souscripteurs, les travaux ont été abandonnés. Ce Panthéon, élevé aux hommes célèbres de l'Écosse, fait l'effet d'une magnifique ruine, complétant la ressemblance de Carlton-Hill avec les Propylées et l'Acropolis auxquels on l'a justement comparé. C'est un vaste parallélogramme, dont les élégantes colonnes marquent l'enceinte ; point d'architecture, point de fronton, de frise, rien heureusement qui puisse lui ôter ce poétique caractère de ruine, pour lui donner l'aspect vulgaire d'un édifice en construction ! Cette gracieuse et svelte colonnade, se détachant en blanc sur l'azur du ciel, vous reporte à Pœstum et à Athènes. Au point de vue du pittoresque, il est douteux que le monument achevé eût produit un si bon effet.

Il en est un autre d'un style et d'un intérêt tout différent, dont je me reprocherais de ne pas parler, d'autant plus qu'il m'a fait vraiment plaisir : c'est le monument élevé à la mémoire de Walter Scott par ses compatriotes. Il est situé au centre de la ville, dans un jardin public. C'est une sorte de pyramide, ou plutôt de flèche élancée, dans le style gothique fleuri ou flamboyant, formant à sa base, ouverte par quatre portes ogivales richement ornées, comme une sorte de « *sacrarium* » ou de sanctuaire, au centre duquel se trouve la statue en marbre du célèbre romancier. La pose en est noble et simple, et la tête, fort ressemblante, dit-on, est habilement traitée. Le caractère de l'homme, le génie de l'écrivain y sont rendus avec une heureuse fidélité : il y a de la pensée dans cette œuvre-là.

Nous revînmes à l'hôtel, où la duchesse nous dit que S. A. madame la duchesse de

Kent, apprenant qu'elle n'était pas venue seule, l'avait priée obligeamment d'engager, de sa part, ses compagnons de voyage à venir participer au luncheon, qui se trouva être, comme toujours, un dîner copieux et recherché. Au sortir de table, S. A. voulut bien nous dire qu'elle savait que nous étions à Édimbourg en curieux, et qu'elle insistait pour que nous ne laissassions pas notre programme inachevé, et que nous profitassions de la présence du duc pour visiter Holyrood. Après avoir fait salon pendant un quart d'heure, nous prîmes congé et allâmes finir notre tâche de voyageurs curieux.

Holyrood, justement célèbre et à tant de titres, porte le caractère de trois ou quatre époques; la fondation de l'antique abbaye date du XIIe siècle; des constructions plus récentes s'y sont successivement ajoutées : l'on ne peut dès lors s'attendre à trouver ici que des disparates. On pénètre par une grille dans la cour carrée de la partie la plus moderne du palais, qui ressemble à tous les palais, si ce n'est qu'il a un aspect singulièrement mélancolique et tout à fait en harmonie avec les souvenirs que ce lieu rappelle, et les grandes infortunes auxquelles il a servi de refuge.

Introduits et conduits par le noble gardien héréditaire, nous avons tout visité par ordre et avec détail, commençant par les ruines de l'antique chapelle, rendues populaires chez nous par un merveilleux diorama de Daguerre et Bouton, que tout Paris a été admirer il y a une trentaine d'années. L'effet en a encore dépassé mon attente : il est impossible de rien voir de plus pur, de plus élégant, de plus pittoresquement ruiné. C'est un précieux échantillon du style gothique à sa plus belle époque : riche, svelte, gracieux, et pourtant solide, comme l'attestent ses sept ou huit siècles d'existence. Dans une niche, ou chapelle latérale ornée avec goût, j'ai remarqué un tombeau sur lequel est une figure d'homme à demi couchée, et s'appuyant sur son coude dans une fière attitude. C'est celle d'un lord Belhaven qui fut, avec son contemporain lord Hamilton, un des adversaires les plus persévérants de la mesure qui fit perdre à sa patrie

12.

son indépendance. Il a l'air, du haut de son cénotaphe, de protester encore contre l'acte d'union.

De la chapelle, procédant par ordre, nous avons visité les appartements de Marie Stuart, savoir : sa chambre à coucher, où son lit se trouve encore, et deux ou trois autres petites pièces contiguës parmi lesquelles les touristes remarquent, avec un avide intérêt, le cabinet où la malheureuse reine était à souper avec son secrétaire Rizzio, lorsque Darnley son époux, entrant à l'improviste, interpella l'infortuné Italien par des paroles outrageantes, et le contraignit à sortir pour le livrer aux assassins qui l'attendaient dans la pièce voisine; on montre encore sur les dalles la tache plus ou moins authentique du sang de la victime.

Quelques années après cette tragédie, ces mêmes chambres furent le théâtre de scènes presque aussi tragiques, qui eurent lieu entre Marie Stuart et son indigne époux, Bothwell, que la voix publique accusait hautement du meurtre de son premier mari. La nature de leurs rapports est suffisamment indiquée par des témoignages contemporains qu'on ne peut guère révoquer en doute. Peu après cette union fatale, née d'une passion aveugle et tout au moins déplacée, union peut-être imposée par la crainte, ceux qui vivaient dans l'intérieur de la reine ne tardèrent pas à s'apercevoir qu'elle était profondément malheureuse. Le caractère violent et sauvage de Bothwell lui faisait fouler aux pieds toutes les convenances, et, le soir même de leur mariage, la disposition douloureuse et découragée de Marie Stuart se révéla dans une conversation qu'elle eut avec l'ambassadeur de France, appelé par son ordre au palais. Il remarqua, entre elle et son nouvel époux, des rapports froids et contraints dont elle lui dit de ne point s'étonner, « par la raison qu'elle ne se sentait aucun désir « d'être heureuse, qu'elle ne pouvait pas l'être « et ne souhaitait désormais que la mort. » L'ambassadeur mentionne ce fait que la reine, étant un jour seule dans un cabinet avec Bothwell, les personnes de sa suite l'entendirent, de la pièce voisine, demander à haute voix un couteau pour se tuer.

Deux témoins dignes de foi, James Melville et Arthur Erskine, rapportent qu'en leur présence elle fut traitée, par son mari, d'une manière si brutale et apostrophée en termes si outrageants, qu'elle supplia de nouveau qu'on lui donnât un couteau pour mettre fin à ses jours. « Si on me le refuse, ajouta-t-elle, eh « bien, je me noierai ! » Trente-deux jours après ce mariage, célébré sous de tels auspices, Bothwell, en butte à la haine publique, fuyait son pays, et Marie Stuart, prisonnière de ses sujets révoltés, était renfermée dans le château de Lochleven.

Dure expiation d'une conduite qui fut peut-être plus légère que coupable ! Ajoutons que les défenseurs officieux de la malheureuse reine peuvent plaider pour elle les circonstances atténuantes. Son âge, sa beauté, le rang suprême, ses trois mariages, dont deux avec des misérables, voilà de quoi atténuer sinon excuser les torts de sa vie.

En finissant nous traversâmes les appartements qui ont abrité le premier et le second exil de l'infortuné Charles X et de sa famille.

Ce fut le feu duc d'Hamilton, alors gardien du palais, qui l'y reçut avec une courtoisie de gentilhomme, une sympathie respectueuse dont le vieux roi se montra touché et reconnaissant; mais ces égards, si délicats qu'ils fussent, ne pouvaient tempérer l'amertume ni diminuer la tristesse de ce dernier exil, qui ramenait le monarque déchu dans ces mêmes murs qu'il avait quittés, seize ans auparavant, dans une disposition et avec une perspective si différentes!

Je dois placer ici une remarque tout à fait caractéristique et qui, je crois, ne peut s'appliquer qu'à la seule ville d'Édimbourg. La capitale de l'Écosse offre à l'observateur le spectacle singulier de quatre époques parfaitement tranchées, et juxtaposées de manière à produire les contrastes les plus frappants. L'antiquité y est représentée, en quelque sorte, par cette ruine du monument national, cet échantillon de l'art grec. Holyrood, Cannongate, le vieil Édimbourg représentent le moyen âge, la ville nouvelle marque l'époque moderne, enfin le chemin de fer, traversant le jardin public qui sépare les deux villes, est l'image et comme le symbole de l'époque actuelle.

Nos hôtes auraient cru manquer à l'hospitalité écossaise, s'ils nous avaient permis de quitter Édimbourg avant que d'avoir couru les boutiques. Nous en visitâmes deux parfaitement assorties, l'une de curiosités et raretés du pays; l'autre de ces magnifiques plaids et tissus écossais ; le duc et la duchesse en rapportèrent plus d'un aimable souvenir pour les amis présents et absents.

Le soir nous étions de retour au palais d'Hamilton pour le thé, ayant employé de la manière la plus intéressante cette belle journée qui m'a laissé des impressions ineffaçables.

HAMILTON

Le lendemain nous eûmes un dîner nombreux, auquel le duc avait invité la plupart de ses voisins. Ce fut pour moi une occasion de voir la salle à manger, à son avantage, et de savoir, par expérience, ce que c'était qu'un dîner de gala dans une grande maison anglaise.

La salle était splendidement éclairée ; les marbres précieux dont elle était ornée, la riche argenterie, les cristaux étalés sur la table et sur les dressoirs, brillaient aux clartés de centaines de bougies. Tout le personnel du service était réuni : les maîtres d'hôtel en habit noir, les laquais poudrés en grande livrée ; le *piper highlander*, revêtu de son

plus beau costume, ajoutait la couleur locale à
ce dîner d'apparat d'une magnificence toute
royale. Ce qui me frappa, comme tout ce que
j'ai vu au palais d'Hamilton, c'est le parfait
bon goût et l'élégance irréprochable qui dominent dans toutes ces splendeurs : cela est tra-
ditionnel dans les familles aristocratiques de
ce pays. On n'y voit rien qui sente l'ostentation
ni l'étalage prémédité d'une opulence récemment acquise qui vise à faire de l'effet; ici tout
est à la fois riche et comme il faut. J'ai rarement joui d'un coup d'œil aussi magnifique
et aussi agréable que celui de cette grande
table dressée dans cette salle splendide, et couverte de son surtout en vermeil, de ses vases
de fleurs, de ses candélabres, et d'une argenterie, d'une vaisselle de la plus grande
beauté.

Le dîner, très-recherché et parfaitement
bien servi, ne fut ni long ni formel, ce qui
ajoutait beaucoup à l'agrément de la fête. En
passant pour le café au salon-bibliothèque, je
pus admirer la magnifique porte en marbres
antiques rapportée de Rome par le feu duc;

elle y faisait, il y a vingt siècles, l'ornement de quelque temple ou de quelque splendide palais, aujourd'hui dans la poussière.

Le duc nous exhiba de nouveau ses richesses
en livres, manuscrits et raretés de toute
espèce. Les pièces contiguës à la bibliothèque
étaient éclairées, et nous pûmes y passer en
revue d'excellents tableaux, parmi lesquels je
remarquai un Léonard de Vinci d'une rare
beauté, des tables en pierres dures de Florence,
du plus admirable travail; des cabinets en
vieux laque, de précieux meubles de Boule,
dont l'un, nous assura le duc, avait appartenu
à la reine Marie-Antoinette. En faisant, au
pas de course, l'inspection de tant de belles
choses, on est surtout sensible au regret de ne
pouvoir accorder à chacune le degré d'attention
qu'elle mérite, et le temps nécessaire pour
l'examiner et en jouir tout à son aise.

Le jour suivant, après le déjeuner, j'allai,
accompagné du duc, visiter le chartrier du
palais. C'est une grande pièce voûtée, sou-
tenue par des piliers massifs, dans la construction de laquelle il n'est point entré de bois, et

qui est dès lors à l'épreuve de l'incendie. Les grandes caisses contenant les papiers sont en fer, rangées sur des tablettes, fermant à clef, et portant toutes un numéro d'ordre et une inscription qui en indique le contenu. Le duc s'en fit donner une qu'il ouvrit et qui contenait des objets et des papiers précieux ; il me montra une bague donnée par l'infortuné Charles Ier à son ancêtre, le fidèle et courageux duc d'Hamilton, qui le suivit de près sur l'échafaud ; je vis aussi quelques bijoux ayant appartenu à Marie Stuart.

N'oublions pas de mentionner une curiosité tout à fait caractéristique pour l'histoire de l'Ecosse et les mœurs politiques du bon vieux temps ; c'est le fusil avec lequel lord Raymond Hamilton de Bothwellhaugh tua le régent Murray. Ce fusil, court, léger et tout mignon, a l'air d'un jouet d'enfant ; mais je remarquai que le canon était à balle forcée : le meurtrier a pu tuer son ennemi à bonne portée et sans trop s'exposer.

Ce château, la propriété, la petite ville qui en faisait partie, offrent ceci de singulier, qu'au lieu de donner leur nom à la famille d'Hamilton, elles l'ont échangé contre le sien. Auparavant, la ville, le domaine, le manoir, portaient le nom de Cadzow ou Cadyow.

La famille est d'origine anglaise. Un Hamilton, ayant tué en combat singulier William Despencer, favori d'Édouard Ier, fut contraint, pour sauver sa vie, de se réfugier en Écosse, où il s'établit. Ses descendants ne tardèrent pas à y jouer un rôle et à s'y créer une grande position. Leur alliance avec les Douglas y contribua puissamment : on sait l'influence que cette famille exerçait dans le pays. Lorsqu'elle s'éteignit, ses biens, ses titres passèrent aux Hamilton, qui joignirent à leur écusson celui du *cœur-sanglant.*

Voici comment l'histoire raconte l'origine de ces armes ; je tiens ces détails d'une personne bien informée et des plus près intéressées :

« Lorsque le roi Robert Bruce se sentit « mourir, il fit venir son ami le plus fidèle. « James Douglas, et lui dit que, n'ayant pu « accomplir son vœu le plus cher, celui de « faire un pèlerinage en Terre-Sainte, il le

« priait de prendre après sa mort son cœur,
« et de le déposer sur le saint sépulcre. James
« Douglas partit avec ses hommes, et, tra-
« versant l'Espagne, il fut attaqué par les
« Maures ; ils livrèrent bataille, et Douglas, se
« voyant entouré par l'ennemi, prit dans son
« sein la boîte d'argent qui contenait le cœur
« du roi, et la lança au plus fort de la mêlée,
« où il se jeta tête baissée, en criant : « *Jamais*
« *arrière!* » Ces paroles devinrent depuis le
« cri de guerre des Douglas, et ils prirent pour
« armes le *cœur-sanglant*. James fut tué,
« mais la victoire resta aux siens. Un de ses
« montagnards ramassa le cœur, qu'il porta
« en Terre-Sainte ; il fut le chef de la famille
« des *Lockheart*, à laquelle on donna ce
« nom pour avoir accompli le vœu de Robert
« Bruce [1]. »

Il y aurait eu de curieuses fouilles à faire
dans ces caisses de fer, si l'on en avait eu le
temps ! l'une d'elles contient les papiers et les
pièces relatives à un procès qui a fait jadis grand

---

1. Le gendre de Walter Scott était l'aîné de cette famille
encore existante.

bruit en Écosse et en Angleterre, et dont je veux dire quelque chose parce qu'il caractérise l'époque.

L'importante seigneurie de Bothwell, qui confine au parc d'Hamilton, avait passé dans une famille étrangère par suite d'un mariage. Il advint, après quelques générations, que le châtelain de Bothwell-Castle contracta une union qui trompa ses espérances de postérité. Bien des années s'écoulèrent dans une attente toujours déçue; la bonne dame était déjà sur le retour. Le couple désappointé, dans le but sans doute de se distraire, passa sur le continent, y séjourna deux ou trois ans, et, quand il revint au pays, grand fut l'étonnement de l'y voir ramener un héritier présomptif de la plus belle espérance.

Cela éveilla des soupçons qui se répandirent et s'accréditèrent de telle sorte, qu'à la mort du chef de famille, les Hamilton intentèrent un procès à l'héritier putatif, pour lui disputer sa possession d'état, et revendiquer le retour de la propriété à la famille dont elle était sortie. Au reste, les procès de ce genre n'étaient pas

rares à cette époque, et dans les îles Britan-
niques, les suppositions et substitutions d'enfants s'y pratiquaient fréquemment. Paris avait,
à ce qu'il paraît, le monopole de ce genre
d'industrie : on en expédiait, chaque année,
un certain nombre d'héritiers bien constitués,
pour suppléer au déficit qui se faisait sentir
dans plus d'une grande famille de l'autre côté
du détroit.

Les tribunaux d'Écosse décidèrent en faveur
des Hamilton ; mais le gouvernement (ceci se
passait après l'acte d'union) fit évoquer la
cause devant la chambre des lords qui les
débouta. Ils étaient déjà trop puissants en
Écosse, et ils avaient combattu de toute leur
influence la réunion des deux couronnes ;
c'était plus qu'il n'en fallait pour infirmer l'autorité morale du jugement rendu.

Le duc touchait à un grand jour, à un jour
d'émotions, je dirai presque d'angoisses. Élu
président d'un banquet donné à Glascow, en
l'honneur des armées alliées de Crimée, il
devait prononcer, devant un millier d'audi-
teurs, son *maiden-speech*, son premier dis-

cours public. C'était un moment solennel !
Dès la veille et dans la matinée, il en était
désagréablement préoccupé, et il fallut tous
les encouragements de son ami M. C..., accou-
tumé aux exhibitions de ce genre, et ceux
que nous lui prodiguions, pour remonter ses
esprits défaillants.

Il partit à cinq heures avec son fidèle Achate,
emportant tous nos vœux, mais n'en redoutant
pas moins de faire *fiasco*, ce qui eût été dé-
plorable en pareille circonstance. Heureusement il n'en fut rien, et, en revenant à une
heure avancée de la nuit, il put annoncer à la
duchesse qu'il avait eu un succès complet.
Le lendemain ce fut la nouvelle du palais, et
les journaux de Glascow nous la confirmèrent,
en nous donnant le récit détaillé de son triomphe, avec le discours *in extenso* qui avait été
cheered à plusieurs reprises. Le duc nous dit
qu'il avait éprouvé un moment d'embarras, en
se levant pour prendre la parole et porter le
premier *toast*, mais que l'accueil sympathique
qu'il avait reçu, les murmures encourageants
qui s'étaient fait entendre l'avaient prompte-

ment et complétement remis en selle. Après
avoir payé un tribut d'éloges mérités aux offi-
ciers et à l'armée anglaise, et prononcé quelques mots bien sentis à l'adresse de leurs braves
alliés, il avait terminé, en ennemi courtois
et généreux, par un chaleureux panégyrique
du héros de l'armée russe, du brave et habile
général Todleben, qui a illustré son nom par
son opiniâtre défense.

Le succès de ce début fait désirer, aux nombreux amis du duc, qu'il n'en reste pas là,
et qu'il ne mérite pas, par son silence, d'hé-
riter du sobriquet d'un de ses homonymes,
membre du parlement, qu'on avait surnommé,
dans son temps, *Single-speech*-Hamilton,
parce qu'il n'avait prononcé qu'un seul discours pendant toute la durée de sa carrière
parlementaire.

Je n'ai parlé jusqu'ici que des livres et des
collections laissées par le père du duc. Un
bibliophile de mes amis, et le duc lui-même,
les deux seuls lecteurs sur lesquels je puisse
raisonnablement compter, ne me pardonne-
raient ni l'un ni l'autre de ne pas dire quelque

chose de cette fameuse bibliothèque de M. Beck-
ford, léguée par lui à son petit-fils, le duc
actuel. En lui laissant par testament cette collection, la plus riche qui existe en Angleterre,
il y mit pour conditions que rien n'en serait
distrait ni vendu, sous aucun prétexte, et que
tous les livres seraient réunis dans un même
local qui leur serait exclusivement réservé. En
conséquence, le dernier duc, pour assurer à
son fils ce legs si précieux, consacra neuf
chambres du palais à cette destination; il les
fit garnir de corps de bibliothèques, d'armoires
à glaces en beau chêne sculpté, et prépara à
cette magnifique collection une demeure digne d'elle.

Nous avons passé au travers de la bibliothèque au pas de charge avec des dames, et
je n'ai pu voir, à mon grand regret, que les
dos de ces beaux livres et les armoires qui les
contenaient. Je commence par avouer que je
ne connais rien aux *incunables*, aux *editio
princeps*, aux exemplaires *uniques*, mais
néanmoins je prends un grand plaisir à en
entendre parler par des gens d'esprit qui s'y

connaissent. J'aurais donc donné beaucoup pour pouvoir passer quelques heures dans cette bibliothèque avec mes amis M. M. E. de S. et de M..., avec le savant président de la Société des bibliophiles, et le duc qui, nourri au milieu de ces richesses, a appris de son grand-père à les apprécier à leur valeur; à la manière dont il manie les beaux-livres, dont il les examine et dont il en parle, on voit qu'il les aime et s'y connaît.

Je ne crains pas les bibliophiles lorsqu'ils savent ce qu'il y a dans leurs livres; ce n'est pas toujours le cas. Un bibliomane de ma connaissance, ami de Charles Nodier, qui le consultait, me montrait un jour, avec enthousiasme, sa belle collection d'Elzevirs et me la faisait admirer : il ne comprenait pas le latin du *Pater!*

La duchesse nous fit utiliser l'après-midi, qui était fort belle, par une promenade intéressante. Nous allâmes rendre visite à des amis et voisins du duc, lord et lady Belhaven, à leur charmante habitation de *Wishaw*. Le château, nouvellement bâti et restauré dans le style

gothique simple, est situé sur la crête de ce
ravin escarpé et boisé dans lequel la Clyde
coule encaissée. Il surplombe presque sur le
lit de la rivière, et est ombragé et comme à
demi caché par les plus beaux arbres. Le parc,
ou comme on dit ici les *pleasure-grounds*,
est assez grand et s'étend sur les deux rives de
la Clyde, occupant les pentes de ce ravin richement boisé. Les propriétaires, qui sont gens
de goût, ont pratiqué des sentiers qui suivent
les sinuosités de la rivière, montant, descendant, au profit des points de vue qu'on a
voulu ménager. Les eaux de la Clyde, d'une
belle couleur de thé faible, mais néanmoins
pures et transparentes, coulent à pleins bords
en murmurant au fond du ravin et y forment
parfois de petites chutes. Lord Belhaven m'a
montré, au bord de l'eau, quelques marron-
niers d'Inde, les premiers qui aient été plantés
dans le pays, et qui, abrités contre les vents
et plongeant leurs racines dans un sol profond
et humide, ont atteint des dimensions colossales : ce sont les plus grands arbres de cette
espèce que j'aie jamais vus et les plus pitto-

resques. Leurs branches inférieures s'étendent au loin, balayant le gazon et effleurant la surface des eaux limpides.

De retour au manoir, où nous attendait un thé servi avec toute la recherche, toute la comfortabilité anglaises, lady Belhaven me montra de jolis tableaux de différents maîtres, entre autres quelques toiles d'un paysagiste écossais qui m'ont paru excellentes, pleines de nature et de poésie.

Ce site, ceux de Bothwell et de Chatellerault, une autre habitation que nous avons vue dans les environs (Calderwood-park), offrent tous à peu près le même aspect, le même caractère; c'est toujours la Clyde serpentant au fond de son ravin, dont la profondeur est partout la même; les pentes ont la même inclinaison, sont boisées également et des mêmes essences. De ces quatre sites presque identiques, Bothwell est celui qui m'a le plus frappé; l'habitation de lord Belhaven vient, selon moi, immédiatement après

Il nous arriva, pour le dîner, un nouvel hôte, un ami du duc, M..., homme de beaucoup d'esprit, me dit la duchesse, de plus auteur et faisant de très-jolis vers. Pendant le repas il causa agréablement; mais lorsque nous fûmes remontés pour prendre le café et finir la soirée dans le salon particulier de la noble châtelaine, je vis notre joyeux convive tomber dans une taciturnité, une absorption complètes, que je pris pour l'effet du dîner et de ce que Walter Scott appelle les *material comforts*, auxquels, soit dit en passant, le demi-dieu tenait comme un simple mortel. Je me trompais : notre nouvel hôte était dans le travail de l'enfantement. Au bout d'une heure, il nous présenta le nouveau-né; c'était, non pas un sonnet, mais une pièce de vers de plusieurs strophes fort jolies, fort spirituelles et délicatement louangeuses en l'honneur du Chien de la duchesse, véritable enfant gâté qui a les honneurs du salon et de l'intimité.

Il y avait là un amateur qui se mettait habituellement au piano à la demande générale... des trois ou quatre personnes présentes, et s'y livrait, sans effort comme sans prétentions, à ses rêvasseries, à ses réminiscences et à ses

fantaisies artistiques. On le sollicita de mettre
ces jolies strophes en musique. N'ayant pas le
travail d'accouchement aussi facile que le poëte,
il promit de le faire plus tard. Son but n'était
que de gagner du temps ; il ne voulait pas com-
promettre sa lyre, et craignait qu'on ne pût dire
de son œuvre que c'était bien vraiment de la
musique.... de chien.

LE RETOUR

Mes jours étaient comptés. J'étais rappelé à Paris par une affection et un devoir auxquels il me tardait d'être rendu, après une absence relativement bien longue. Je dus me faire violence pour résister aux instances les plus bienveillantes. Si j'emportais d'Hamilton-Palace des regrets, je savais que j'en laissais de sincères. En effet, j'ai vu naître la duchesse et l'ai suivie constamment à toutes les époques de sa vie; je suis attaché à sa mère et à tous les siens par des égards et des bontés constantes d'une part, et de l'autre par le dévouement et la reconnaissance. Elle trouve en moi comme la personnification de son passé, et j'évoque, en les résumant, tous ses souvenirs d'enfance, de famille et de patrie. C'est par là que j'explique l'accueil si empressé et si cordial que j'ai reçu de mes nobles hôtes, et auquel, sans cette circonstance, je n'eusse jamais osé prétendre : il a été tel que jamais je n'en perdrai le souvenir.

Je n'avais plus que faire du beau temps, aussi me quitta-t-il comme je m'éloignais d'Hamilton. Le ciel nuageux et le soleil pâlissant

« Semblaient se conformer à ma triste pensée. »

Les nuées s'abaissèrent, les brumes s'épaissirent, le mauvais temps ne tarda pas à s'organiser sur tous les points de l'horizon, et, au bout d'une heure, commença une pluie battante qui dura sans interruption pendant toute la journée. Deux semaines auparavant, j'avais traversé l'Angleterre par un jour radieux; au retour c'était un changement complet de décoration, un contraste frappant! tout m'apparaissait sous un aspect triste, monotone, en un mot ennuyeux comme la pluie. Le gigot de mouton et les pommes de terre de Carlisle ne purent pas même faire trêve à la disposition mélancolique qui m'avait gagné malgré moi.

A neuf heures du soir nous arrivions à Londres, où j'en avais vingt-quatre à passer pour attendre l'*express* de Paris par Calais. En prenant cette voie, je gagnais une heure sur la traversée : c'était autant de temps de moins à souffrir, et j'avais mes raisons pour me méfier de l'élément perfide.

Je consacrai les premières heures de la matinée du lendemain à un pieux devoir ; j'allai à la découverte d'une chapelle catholique, la plus ancienne de Londres, qui était, à l'époque de notre première révolution, la paroisse des émigrés : plusieurs de mes parents avaient habité ce quartier et fréquenté cette humble chapelle. Après quelques recherches je fus assez heureux pour la trouver, et je pus m'acquitter de la commission dont m'avait chargé la piété filiale d'une personne qui m'est doublement chère, et qui se rappelait d'avoir souvent visité cette même chapelle dans son enfance.

Le temps avait changé, le ciel s'était éclairci, et le soleil avait reparu radieux. C'était vrai pour moi, dans le sens propre à la fois et dans

le sens figuré : je m'étais rapproché de cent
trente lieues de mon *home* et de mes habitudes. J'étais donc merveilleusement disposé à
jouir de l'intérêt multiple que me promettait
la course de Sydenham. Elle m'avait été fortement recommandée, et par des gens dans le
jugement desquels je pouvais avoir toute confiance.

A une heure je roulais vers le fameux palais
de cristal sur un chemin de fer fait tout exprès
pour y déposer la foule des curieux qui s'y
portent tous les jours. J'en avais lu bien des
descriptions, vu bien des dessins, entendu bien
des récits de témoins oculaires , et cependant
je dois avouer que, malgré tous ces stimulants,
mon imagination était restée fort au-dessous
de la réalité. Depuis le moment où le train
arriva en vue de cette prodigieuse et fantas-
tique création, jusqu'à celui où il s'arrêta, mes
yeux fascinés restèrent fixés sur sa masse....
dirai-je imposante ? non : la sévérité du style
y manque totalement. Dirai-je monumentale ?
pas davantage : les idées de solidité et de durée
y font également défaut. Je suis donc obligé

d'emprunter à la langue anglaise le seul mot qui aille à la chose : c'est l'adjectif *stupendous*, stupéfiant !

Si l'on n'a pas vu le Palais de cristal tel qu'il est et là où il est actuellement, on se trouve dans l'impossibilité de s'en former une idée même approximativement juste, tant cet édifice, étrange non moins que gigantesque, sort des données et des conditions ordinaires ! C'est bien là le palais par excellence de l'industrie *démesurément* développée du XIXe siècle, palais tout à la fois grandiose, portatif et fragile, que lui a élevé le génie de l'industrie disposant de tous les perfectionnements nés dans cette phase de progrès matériel qui semble avoir absorbé temporairement toute l'activité de la pensée humaine. Il est superflu d'ajouter qu'on chercherait vainement ici une intention artistique : elle n'y serait pas à sa place. Le sentiment qu'on éprouve n'est pas celui de l'admiration, mais bien d'un étonnement qui fait qu'on croit rêver.

Voilà pour l'impression extérieure ; mais quand on pénètre dans l'édifice, on en éprouve une autre bien différente ! C'est celle d'une complète déception à la vue de cette grandiose inutilité, de ce vide incommensurable. En effet, il n'y a rien dans le Palais de cristal que le vide : les nombreux et incohérents objets qu'on a entassés au rez-de-chaussée, depuis le plâtre de l'Apollon du Belvédère jusqu'aux bustes de Raspail et de Pierre Leroux, depuis un coupe-carotte perfectionné jusqu'à un orgue des meilleurs que j'aie entendus, ne servent qu'à rendre ce vide plus sensible et plus choquant.

Cependant, au milieu de cet immense désert, j'ai trouvé quelques oasis qui m'ont surpris agréablement et m'ont fait un vrai plaisir. De ce nombre est un jardin d'hiver jouissant d'une température intertropicale, à la faveur de laquelle se développent les plus belles et les plus singulières plantes de ces climats brûlants. J'ai admiré entre autres un magnifique specimen de la *Victoria regia*, de ce nénufar colossal dont les feuilles serviraient au besoin de nacelle, et dont la fleur est d'une richesse si exubérante. Quatre grandes cages, occupant

les quatre angles, contiennent de ces oiseaux
des tropiques émaillés de leurs brillantes couleurs. Ils avaient l'air de se trouver là comme
chez eux, et y nichaient en toute confiance
et bonne foi, ainsi qu'ils l'auraient pu faire
dans leurs forêts natales.

Les chambres chaldéennes et égyptiennes,
avec leurs étranges idoles et leurs dynastes
frisés si coquettement, la barbe y comprise,
m'ont fort intéressé. On y voit reproduites, avec
la plus minutieuse exactitude quant aux dimensions, aux formes et aux couleurs, les précieuses antiquités de Ninive et de la ville de
Sésostris. Le compartiment représentant la
fameuse cour des lions de l'Alhambra n'est
pas moins curieux, pas moins fidèlement
copié : ce sont de véritables fac-simile que
l'on a sous les yeux. On peut en dire autant
des salles du moyen âge et de la renaissance,
où les œuvres les plus célèbres de ces deux
époques sont imitées avec la même exactitude;
j'ai remarqué les fameuses portes du baptistère
de Florence, ces « portes du ciel » comme les
appelait Michel-Ange.

Mais ce que je préfère de beaucoup au palais de cristal, c'est l'extérieur, ce sont les environs, c'est la contrée qui me paraît être l'une des plus jolies, des plus riantes de l'Angleterre : terrain accidenté, lignes heureusement ondulées, riche végétation, rien n'y manque de ce qui constitue un charmant paysage. Le jardin qui entoure l'édifice offre plusieurs pièces d'eau où l'on a cherché à reproduire, avec plus ou moins de succès, l'effet des eaux de Versailles ; je ne les ai pas vues jouer : il aurait fallu pour cela attendre encore deux heures ; j'en avais assez, et le soleil qui m'illuminait, me poétisait cette vue magnifique, s'était voilé sous des nuages épais. J'achevai donc la revue du jardin où je trouvai, sous des massifs, dans des îles, sur les rives de la rivière artificielle, divers échantillons du règne animal des époques antédiluviennes : plésiosaures, megatherium, ptérodactyles, tels que les savants travaux des Cuvier, des La Bêche, des Léopold de Buch nous les ont reconstruits. Vingt minutes après j'étais à Londres, où je n'avais plus qu'à faire mon paquet, dîner et me remettre en marche pour la France. A neuf heures j'étais emporté, à toute vapeur, sur le chemin de fer de Douvres ; à minuit j'avais mis le cap sur la rue du Bac et faisais bonne route sur la mer, calme comme un lac de Suisse, et tout étincelante des clartés de la lune : c'était une nuit magnifique et bien faite pour compenser ma dernière traversée, à laquelle je ne puis penser sans en avoir encore le mal de mer. En touchant aux rives de la patrie, j'y fus reçu.... par la police, au travers des exigences de laquelle je passai à l'aide du talisman qui m'avait si bien protégé la première fois. Arrivé sans épisodes, mais non sans ennui et sans retard, à la gare de Paris, j'y trouvai les douaniers qui s'inclinèrent respectueusement sans rien ouvrir de mes effets, et, nouvel Ilbondocani, je passai majestueusement au milieu de la foule des voyageurs prosternés pour refermer leurs malles, ainsi que l'aventureux calife Aroun-al-Raschid, dans l'opéra dont il a fourni le sujet, passe au travers des sergents de ville de Bagdad réunis pour l'arrêter.

De retour chez moi, je trouvai tout à l'inverse de la fable des deux pigeons : Le voyageur, s'en revenant à tire-d'aile gai et dispos, revit sa pauvre compagne

> « ....S'ennuyant au logis, »
> « . . . .
> « Traînant l'aile, tirant le pié, »
> « Demi-morte. . . . . . . »

mais par bonheur,

> « Voilà nos gens rejoints ! . . . »

Et la joie de se revoir leur eut bientôt fait oublier les tristesses et l'isolement qu'entraîne l'absence, pour le pigeon qui s'éloigne non moins que pour celui qui reste au colombier.

C'est une fâcheuse vérité que je ne puis pas me dissimuler : l'âge plus que mûr (pour parler poliment) n'est plus la saison des voyages ; ils vous deviennent alors pénibles à faire, malaisés à raconter d'une manière quelque peu attachante. On ne se sent plus la même liberté de mouvements, la même aptitude à jouir, le même entrain, la même fraîcheur de sensations ; les habitudes casanières ont pris le dessus ; l'homme, au physique tout comme au moral, aspire au repos à mesure qu'il devient moins propre à l'action. Soit qu'il coure le monde, soit qu'il veuille laisser courir sa plume sur le papier pour rendre ses impressions et ses souvenirs, il sent par expérience toute la justesse de ce précepte du poëte :

« Solve senescentem jam maturus equum [1]. »

1. « Detelez prudemment le coursier qui vieillit. » HORACE, traduction nouvelle.

FIN.

PARIS — IMPRIMERIE DE J. CLAYE, RUE SAINT-BENOIT, 7.